U0468344

梅艺今辉

纪念梅兰芳诞辰130周年展

主编 周庆富

文化藝術出版社
Culture and Art Publishing Hous

梅艺今辉

纪念梅兰芳诞辰 130 周年展

主办单位

中国艺术研究院

国家京剧院

梅兰芳纪念馆

中国工艺美术馆（中国非物质文化遗产馆）

江苏省泰州市人民政府

特别感谢

北京京剧院

中国戏曲学院附属中等戏曲学校

泰州梅兰芳京剧团

学术顾问

龚和德　王安奎　刘　祯　王　馗　郑　雷

展览组织委员会

主　　任：周庆富　王　勇　李立中　王晨阳　万闻华

副 主 任：齐永刚　魏丽云　张俊苹　苏　丹　刘　霞

委　　员：郑光旭　王先宇　邵晓洁　易　玲　毛　忠

李永康　王　飞　杜宽军

展览工作组

策　展　人：郑光旭

展览监督：王　冠　王先宇　邓雪晨　刘　童　邵晓洁　毛　忠

李永康　余　虎　李　妍　生薇莎

策展执行：向　谦　张申波　裴　潇　朱　玲　王文锦

内容设计：裴　潇　张申波　朱　玲　向　谦　任　思　柯　琦

展览设计：李佳姓　安慧中　胡　睿　阮柔绮　王明宇　聂梦园

宣传教育：霍　超　任　思　郭慧子　王古今　尹　航　崔建雪

李垣桥　张　妮　鲍　婧　柳青青　周馨颐

演出统筹：裴　潇　穆晶晶　王　礼　张明春　马　南　耿翠婷

柳青青　牛彤彤

藏品摄影：张建生　张　涛　王晓晰　刘晓辉　刘博文　刘颖昕

展览协调：朱　玲　穆晶晶　王　惠　孙　凤　贾蕾蕾　付甜甜

张明春　邢春蕾　王宇锋　吴瑞卿　陈悦尔　林汉夫

藏品管理：宫楚涵　张申波　钟　声　毛景娴　王春红　单　蕾

王建红　王　礼　尹红艳　梁秀群　刘　婧　李　超

赵　玲　焦心怡

图录编委会

梅兰芳：以高尚人格滋养艺术实践（代序）

京剧大师梅兰芳在中国戏曲舞台上具有独特的价值，是20世纪中国戏曲史上的一座高峰：他是敢为“天下先”的创新者，是以辛勤工作回报祖国的“艺术劳动者”，还是享誉世界的戏曲艺术家。今年是梅兰芳诞辰130周年，回顾梅派艺术在传承、创新、传播等方面的探索成就，对当下坚定文化自信，推动中华优秀传统文化创造性转化和创新性发展，有重要启示和借鉴意义。

一、开创了旦角为主角的舞台新象

梅兰芳约有53年的舞台演出生涯，一生所演剧目众多。齐如山在为《梅兰芳歌曲谱》所写的序言中说：“梅君昆乱兼擅，能戏以数百计。”这些剧目大体可分为三类：传统戏（京剧、昆曲）、新编戏（时装新戏、古装新戏）和改编戏。其中以传统戏数目最多，有百余出（本），但最能代表梅兰芳舞台艺术成就的却是新编戏与改编戏，主要体现在以下三个方面：

其一，在梅兰芳之前，京剧以老生为主导，其他行当基本上都是为老生配戏。梅兰芳所主演的新编戏和改编戏开创了以旦角为主角的舞台新局面，以饰演英雄见长、“响似雷”的老生不再具有强大的吸引力，旦角主导戏曲舞台遂成为20世纪20年代以来的普遍现象。其二，梅兰芳的表现风格是将青衣、花旦、刀马旦、贴旦等行当的表演程式融合在一起，形成了独特的表演形式。其三，他在传承戏曲艺术过程中取其精华，去其糟粕，改变原本戏曲中低级趣味的部分，将封建迷信、野蛮、荒淫的形象和角色进行了删改。

梅兰芳对京剧艺术的革新始终保持着审慎的态度。在国剧传习所新学员开学典礼上，他曾说："研究艺术是一种极崇高的生活；是从事人类精神生产的生活；是站在时代前面，创造新时代的生活，我们要一点一点地做下去，所以我们的头脑，要十分清晰的，对我们的事业起一种敬心，一存玩忽，我们的事业便不能向伟大方面发展。"梅兰芳用学术理性把握着戏曲改革中的挑战，用学术成果引领着戏曲发展的方向。

梅兰芳坚持遵循中国传统戏曲艺术革新的基本原则和规律，既继承传统又发展传统。他主张创新不能脱离戏曲剧种的基本形态，要在传承戏曲艺术基本样式，遵循戏曲艺术发展基本规律的基础上创新。

二、让京剧艺术不仅承载情感，更肩负使命

梅兰芳的社会人格与艺术风格深受中国传统文化的影响，他肩负着历史使命感，对艺术充满崇敬。戏曲于梅兰芳而言，不仅是谋生的手段，更是关涉他精神归宿的信仰。

抗日战争时期，他带领戏班赈灾义演，上演两出古装新戏《抗金兵》《生死恨》。随着抗日战争的全面爆发，梅兰芳蓄须明志，暂别演出舞台，不为沦陷区的统治者表演，直至 1945 年抗战胜利，才重新登台。他在祖国遭受外强欺凌、国土沦丧、民族危亡时期，秉承"德本财末"的儒家思想，舍弃个人利益，满怀对祖国的挚爱和对侵略者的仇恨，表现出"威武不屈"的大丈夫人格和执着深沉的爱国情怀，振奋了民族精神，也唤醒了民众抗敌救国的意识。抗美援朝战争期间，

梅兰芳曾捐款购买了一架飞机及其他武器弹药支援前线，随后又率团赴前线慰问，前线居住条件和演出条件都十分艰苦，但梅兰芳从不在意，始终认真演好每一场戏。

梅兰芳先后担任中国戏曲研究院（中国艺术研究院前身）院长、中国京剧院（国家京剧院前身）院长，常年为工农兵演出，多次代表国家出访，积极参与政治社会生活。他以满腔的热情为工农兵服务，走向祖国大江南北，积极与各地各剧种演员交流经验。他还将自己的艺术收藏贡献给国家，经统计，中国艺术研究院收藏的梅兰芳戏单、唱片、戏衣、乐器、访美图谱、录音资料等达到10068种（件），这些藏品成为戏曲学术研究的有力支撑。

1957年12月，梅兰芳在入党志愿书中深情地写道："我是一个戏曲演员，在旧社会里是被压迫的……我只能学习着人民的特别是戏曲界一些传统的美德，勉力做一个善良、正直、勤劳、爱国的艺术劳动者而已。"此时，梅兰芳早已成就卓著却仅以"艺术劳动者"自居，其实际行动始终践行着"文艺为人民""以人民为中心"的思想，其谦逊而忠诚的高洁品格不断激励着后人。

三、使中国戏曲跻身世界戏剧之林

梅兰芳使中国戏曲艺术真正走出国门，与世界戏剧并置和对话，不仅传播了中国戏曲艺术，更重要的是改变了海外人士对中国传统戏曲的刻板印象，提升了中国形象。

中国戏曲艺术随着梅兰芳的脚步逐渐被海外戏剧界了解、认知和接纳。1919年，梅兰芳首次访日演出后，日本专门出版了一本关于梅兰芳艺术的评论集《品梅记》；1930年，梅兰芳访美在世界文化交流史上影响深远，当时瑞典王储、法国驻越南总督、印度文学家泰戈尔等都曾拜访梅兰芳；1935年，梅兰芳赴苏演出，并与苏联艺术界进行了密切的沟通和交流。

梅兰芳访日、访美、访苏带出去的不仅是“艺术”，还注重对中国戏曲文化的传播。1930 年，梅兰芳率团抵美，考虑到西方观众的文化心理和欣赏习惯，梅兰芳调整突出了剧目中的舞，如“剑舞”“散花舞”“绶舞”“杯盘舞”等，并在演出前加入英文演说，向观众介绍剧情，这才有了纽约演出的大获成功。演出期间，梅兰芳还与默剧大师查理·卓别林、美国著名女演员玛丽·碧克馥交流表演艺术，传递东方审美理念。

在 1935 年梅兰芳访苏之前，北平国剧学会请齐如山编撰了《梅兰芳艺术一斑》，作为“专为介绍梅兰芳之艺术”的宣传品，汇集了梅兰芳舞台影像以及 53 种“兰花指”手势，如“倒影”“初纂”“垂丝”“垂露”等，介绍了不同的手势语言体现的人物情感和思想性格。这种办法将手势、动作造型艺术化和高度图像化，令国际观众也能够在细微处感知手势的表情达意，在唱词之外体验共情。

回顾梅兰芳的艺术生涯，他把个人艺术放置于家国天下中，以高尚人格滋养艺术实践，是当下文艺工作者的榜样。我们应自觉承担起坚守中华文化立场、传承中华文化基因，展现中华审美风范的创作任务，在传承中创新，不断开拓对外文化艺术交流的新局面。

中国艺术研究院院长、党委副书记　周庆富

（原载《光明日报》2024 年 4 月 3 日）

目录

一代宗师

“一代宗师”篇章由“家族”“学艺”“绽放”三个部分组成，主要展现梅兰芳的成长历程、艺术轨迹与艺术创新。

梅兰芳的童年在风雨飘摇的清末度过。他 3 岁丧父，14 岁丧母，很早就开始分担赡养家族的重担。在这个本分忠厚的伶人家庭里，祖母慈祥贤德，教导他正直勤俭；伯父梅雨田是一代胡琴圣手，指导他循序渐进地掌握京剧表演艺术的基本功。梅兰芳成长于大变动的时代，戏曲随着时代更迭而不断发生新的变化。他按照梨园惯例走上艺术道路，8 岁师从吴菱仙等人学戏，10 岁首次登台，13 岁正式搭班喜连成（后改名“富连成”），边学边演，刻苦自立。梅兰芳幼年在唱做、腰腿、把子、跷功等方面都下过很深的功夫，幼功扎实，因此他后来的戏路宽广，能够突破青衣和花旦的界限，创造新的表演风格，并且在老年仍能活跃于舞台，进行新的创造。

1912 年至 1932 年的二十年，是梅兰芳艺术成长的最重要时期。他从密集创作时装新戏、古装新戏的经验中，探求新的表现形式，努力发挥自己的天赋，逐步强化个人表演风格，深入细致塑造人物形象，由此形成独树一帜的梅派艺术。四本《太真外传》之后，梅兰芳不再创作时尚的新戏，转而以改编创演古装戏为主，《霸王别姬》《宇宙锋》《凤还巢》等改造过的传统戏更成为梅兰芳的经典名剧。梅兰芳在广阔的中外艺术视野中，不断地学习吸收、融会贯通，并且将中国京剧艺术及古典戏曲精神传播到了东西方，赢得良好的国际声誉。梅派表演美学不断地被世人所叹赏，在中西戏剧的对照中，成为中国戏曲美学的典型代表。

家族

同光十三绝画像（摹本　局部）

《越缦堂日记》（第三十九册）

民国九年（1920）
23.5cm × 13.5cm
（清）李慈铭撰，影印本（共七函五十一册）
中国艺术研究院藏

初七日己丑，晴，傍午有风。孺初来，敦夫来。是日，四喜乐部头梅蕙仙出殡广慧寺，闻送者甚盛。下午，偕两君出大街，至其门首观之，则已出矣，遂顾车归。蕙仙，名巧龄，扬州人。以艺名喜亲士大夫。余己未初入都时，曾一二遇之友人坐上，未尝招以花叶。及今二十余年，解后相见，必致殷勤。霞芬，其弟子也。余始招霞芬，蕙仙戒之曰："此君理学名儒也，汝善事之。"今年夏，余在天宁寺招玉仙，玉仙适与蕙仙等辈饮右安门外十里草桥。蕙仙谓之曰："李公道学先生，汝亦识之，为幸多矣。"此曹公议远胜公卿，然余实有愧焉。自孝贞国恤，班中百余人失业，皆待蕙仙举火。前月十七日，骤病心痛死。其曹号恸奔走，士夫皆叹惜之。蕙仙喜购汉碑，工八分书，远在其乡人董尚书之上。卒时年四十一。蕙仙后更名芳，字雪芬。

同光十三绝画像（摹本）

20世纪50年代

82cm × 318cm

清（传）沈容圃原作，常斌卿、吕适云摹绘，绢本设色

中国艺术研究院藏

该卷绘制了清代同治、光绪年间十三位著名戏曲演员的戏装扮相，其中左三为《雁门关》萧太后扮相的梅巧玲（梅兰芳祖父）。

以兵部左侍郎許應騤調補戶部左侍郎兼管三庫事務（王文韶缺）未到任時
以內閣學士張家驤署理以內閣學士童體芳為兵部左侍郎未到任時以刑部
左侍郎薛允升兼署張家驤所署之都察院左副都御史以內閣學士王之翰署理
以工部左侍郎孫家鼐兼署吏部右侍郎（本部世長缺孫家鼐本兼署禮左會辦職三泉兵左本以許應騤出差府甲閒家補署理今易以薛允升）
國子監司業鄭勒斂布升內閣侍讀學士（晴賞吉缺）
初七日乙丑晴陰午有風　獨祁來　㲄夫來是日四喜樂部頭梅慧仙出
殯廣慧寺閒送者甚盛下午偕雨泉出大街至其門首觀之則已出矣遂顧
車歸　慧仙名巧齡揚州人以藝名喜親士大夫余乙未初入都時曾一二遇之友
人坐上未嘗招以花葉及今二十餘年解后相見必致殷勤霞芬其弟子也余始招
霞芬慧仙戒之曰此君理學名儒也汝善事之今年夏余在天甯寺招玉儂玉儂

適與慧仙寄庵飲右安門外十里草橋慧仙謂之曰李公道學先生汝亦識之
為幸多矣此書公識遠勝公卿然余實有愧焉自　矜貴國卿班中百餘
人未嘗皆待慧仙舉大前月十六日飯病心痛亦其曾號慟奔走士大夫皆款
惜之慧仙喜購漢碑工八分書遠在（其師）董尚書之上卒時年四十一（慧仙後更名芳字雪芬）
閱胡氏毛詩後箋馬氏傳箋通解
部鈔
上諭麟書潘祖蔭奏要案牽涉司員請旨解任質訊一摺據傳雲南報銷一案
天順祥商人王敬臣供六月間有戶部雲南司司官孫姓媽潘英章用出銀索到
行鋪照過是否即戶部雲南司主稿主事孫家穆亟應確切根究孫家穆著先
行解任傳案質訊另片奏百川通商人閻正卿供稱上年九月間周瑞清將天
順祥銀票給伊取銀換票寄給太常寺卿周瑞清著暫行革職歸案審
訊
初八日庚寅晴嚴寒有風　閱毛詩後箋　作書致荇脩為心雲
館事　作書致心雲　晡後詣汝翼談偪晚詣鐵香談晚赴聚寶
堂消寒之集介唐為主人諸君俱已至招霞芬玉儂夜朔風大作（去臺稅）敬夫
邀飲月林家復招霞芬玉儂藏鉤擊鼓不知門外寒天積尺也四鼓後
歸燈燭特甚　心雲來不值（付車錢六千賞車二千五百四千）
初九日辛卯晴風沍寒　閱傳箋通解　心雲來　荇丈之孫衍
齡來言館事　夜風不止舊疾再動以屆冬至也
初十日壬辰晴大風積甚寒冽異常　病甚不能閱書　得心雲書

梅巧玲景和堂抄本《得意缘》

清光绪七年（1881）

25.7cm × 27.6cm

该抄本原为梅巧玲所藏京剧传统剧目《得意缘》演出本

中国艺术研究院藏

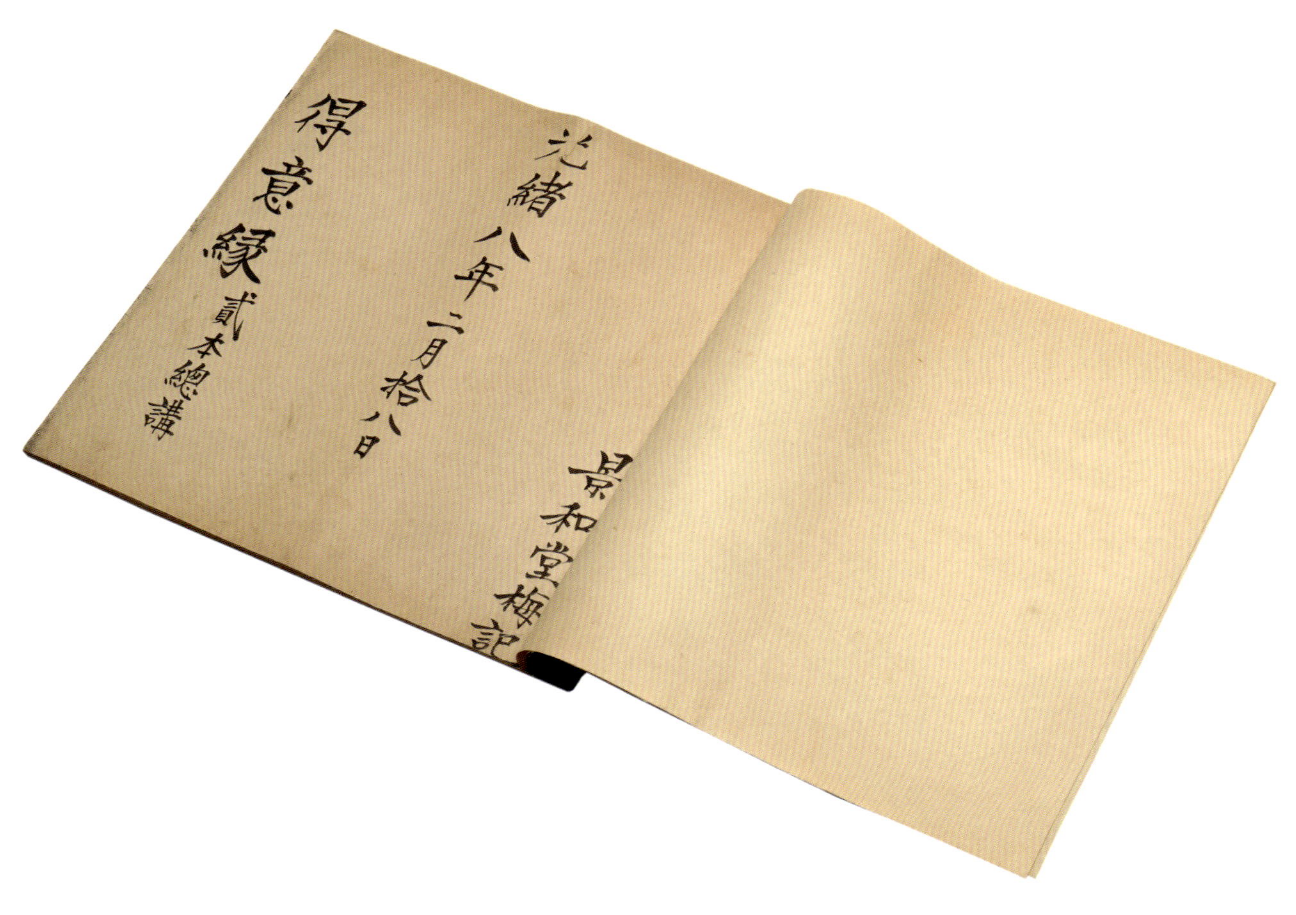

梅巧玲景和堂抄本《得意缘》

清光绪八年（1882）

25.7cm × 27.6cm

该抄本原为梅巧玲所藏京剧传统剧目《得意缘》演出本

中国艺术研究院藏

《思志诚》

清

93.5cm × 180cm

沈容圃绘，梅兰芳旧藏，纸本设色

梅兰芳纪念馆藏

此画与《同光十三绝》齐名，为清末画家沈容圃所作，被誉为“画中之绝作，人物之神品”。

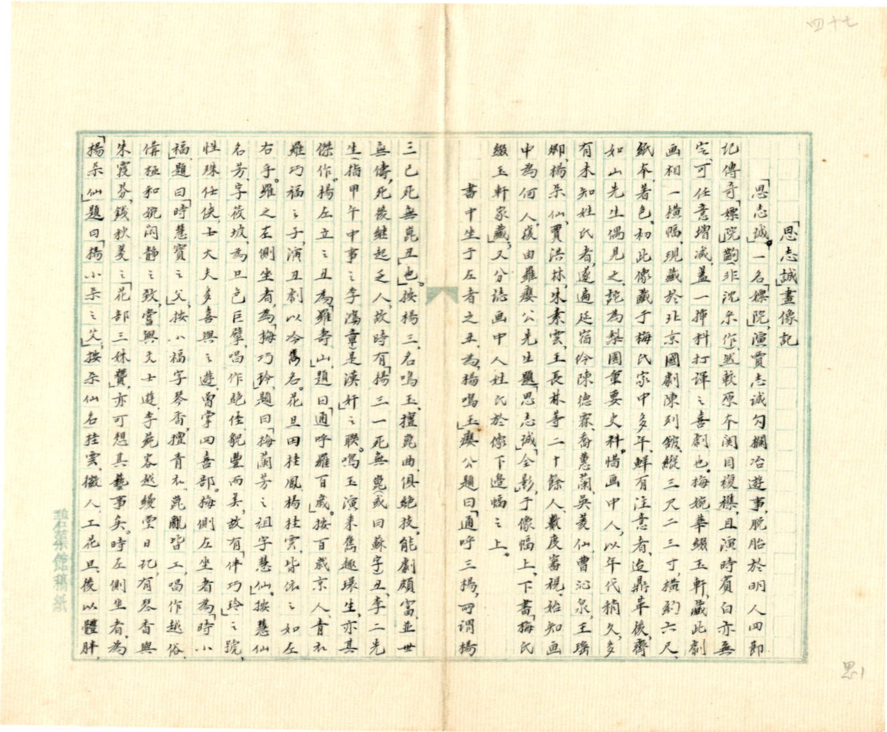

《〈思志诚〉画像记》手稿

1927 年
27.2cm × 32cm
傅惜华撰，共四页
中国艺术研究院藏

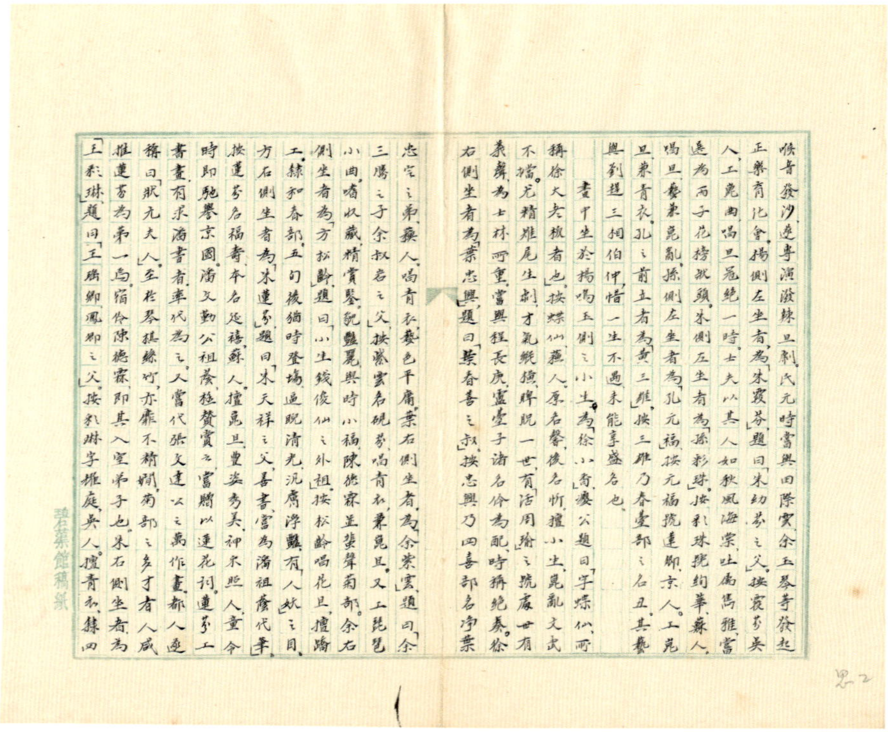

喜部。王石側坐者為「吳燕芳」，題曰「朱紫雲之姊夫」。按燕芳工旦色。吳之前手壺盃者為「劉趕三」。按趕三號寶山，津人。唱丑兼生，與崑丑楊鳴玉冠絕一時者。撇丑旦，維妙維肖。演探親齣，每乘真驢上臺。具口齒尖刻，詼諧雜陳，惟喜刺人隱惡。當供奉內庭時，當演「思志誠」，扮鴇母，見客至，引吭高歌曰：「大五、老六、老七，出來見客呀」，適惇恭醇三邸皆在座聆劇，惇行五，恭行六，醇行七，趕三故以是謔之也。恭邸脫落，喜詼諧，聞之捧腹。惇邸恭謹，雖不悅，遂以在太后側則未敢言。醇邸則風嚴正，聞之大怒，叱曰：「何物狂奴，敢無禮如此」，立命侍者杖責四十。其後終以演「丑表功」一齣，觸怒李鴻章，抑鬱而卒。

畫中座前「打連廂」之四童，自左起一為「鄭多雲」，瘦公題曰「徐小香之徒」。按多雲名連福，蘇人，唱崑生兼丑，亦能覆生。二為「曹福壽」。三為「顧小儂」，題曰「朱雙喜之徒」，四為「董慶雲」，題曰「徐小香之徒」。按慶雲名連慶，京人，唱崑旦兼花旦。

像之左幅有樊之山跋文曰：「思志誠」，曲名也。昔都中四喜部童伶習崑旦者最多，此劇乃以伶飾妓，約二十餘人登場。慧仙自為鴇母，其門下皆為雛妓，琵琶琴笛，各奏爾能。小生與丑飾狎客，其究也酒闌金盡，如鄭元和鶉衣乞食而終，蓋一警世之齣。每一串演，座客恆滿。此畫乃同光間慧仙屬浙人沈容圃所繪。同時名伶皆在，坐上生旦與丑二十一人，越數十年，晚華出諸遺行，來不能舉其名，以問其師陳德霖，亦未能遍知，最後質之德霖之師，乃一一指其名氏，瘦公摭其書注于下方，而乞余題跋。余觀其所標舉者，除中興、化兒、燕芳外，皆能彷其聲容。其間有似者，有渾不似者。如慧仙負一世之名，豐若有餘，柔若無骨，却扇一顧，令人心同

俱寫，此畫近於臃腫，未免唐突處光。蝶仙、琴香，眉眼略似，顧含則非。至如蓮芳、松齡、絃珠，年輩與慧仙同，或有較長者，似未便在諸雛之列，且顏壯又不類，則必非其人矣。餘如紫雲、靄雲、桂寶、彩琳、湶福，皆無纖毫之似。丑惟三雄，神宇不似，趕三最似，楊三亦似而貌微豐。蓋畫美者難為容，畫醜者易于肖也。沈容圃在京以寫真為活。其鄉人吳蓉圃癸丑會試第一，殿試第二。沈自謂若以畫取士，我必皆在第一。今觀此畫，若吾為試官，此蓉圃遠不逮彼蓉圃也。書竟一笑。

晚華吾友屬題　辛酉十一月二十三日樊山居士跋於京師西城大乘巷新宅之牟珠簃，時年七十有六」。

今觀此畫，諸旦扮像不一，有漢裝者，有旗裝者，執扇者，持笙者，吸水煙者，旱烟者，弄巾者，支頤者，兀坐者，姿態不同，神彩各異。小生風格，亦極洒然。四丑猶趣絕，令人解頤。「打連廂」四童，舞式非一，態亦婉妙。畫中人物，賦色如生，備極精緻，足稱妙品。雖所繪諸伶容有不肖者，然其有關於清代梨園掌故，亦不能因此而遽減價值也。

（戊辰）

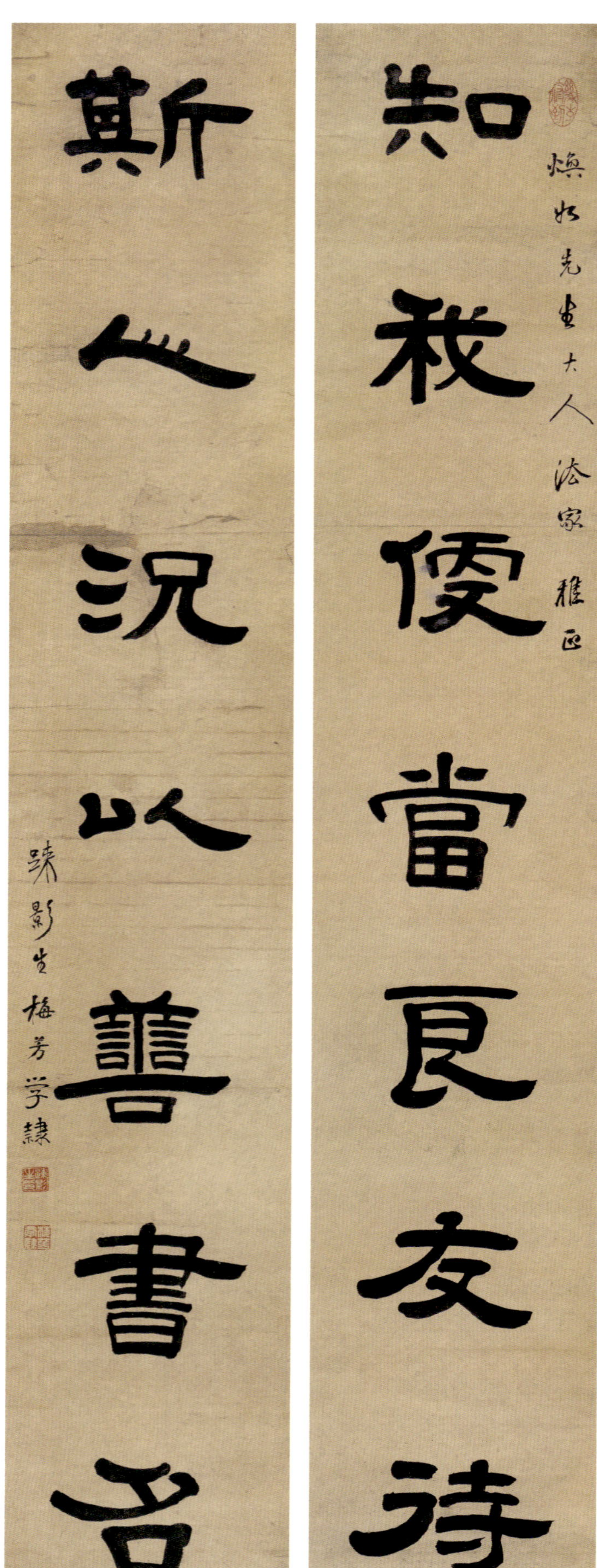

"知我斯人"隶书对联

清

184cm × 28cm × 2

梅巧玲书

梅兰芳纪念馆藏

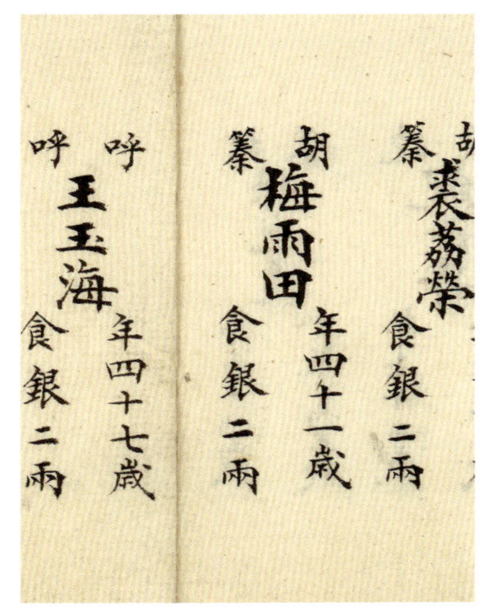

胡琴 裘荔榮 食銀二兩

胡琴 梅雨田 年四十一歲 食銀二兩

呼呼 王玉海 年四十七歲 食銀二兩

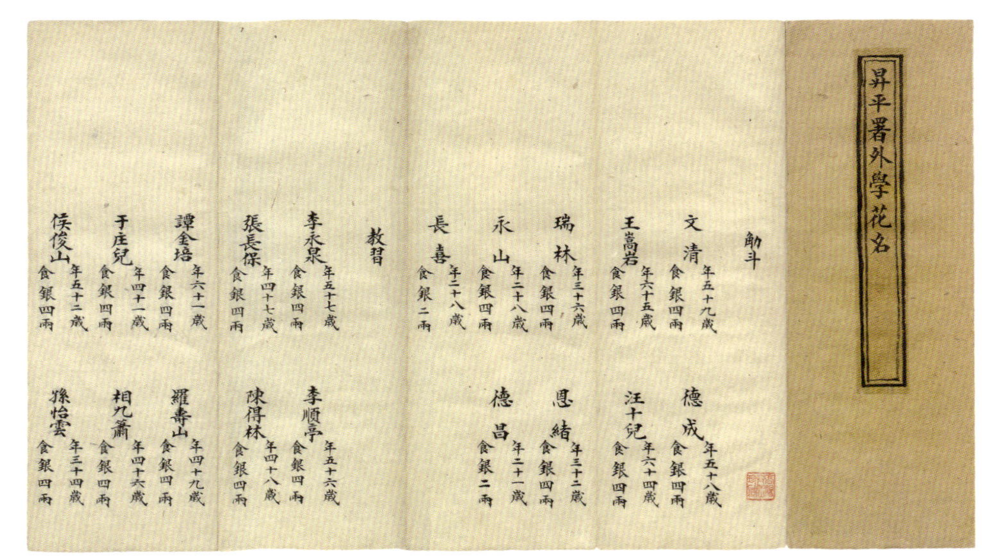

昇平署外學花名

觔斗

文清 年五十九歲 食銀四兩

王嵩岩 年六十五歲 食銀四兩

瑞林 年三十六歲 食銀四兩

永山 年二十八歲 食銀四兩

長喜 年二十八歲 食銀二兩

德成 年五十八歲 食銀四兩

汪十兒 年六十四歲 食銀四兩

恩緒 年三十二歲 食銀四兩

德昌 年二十一歲 食銀二兩

教習

李永泉 年五十七歲 食銀四兩

張長保 年四十七歲 食銀四兩

譚金培 年六十一歲 食銀四兩

于庄兒 年四十一歲 食銀四兩

侯俊山 年五十二歲 食銀四兩

李順亭 年五十六歲 食銀四兩

陳得林 年四十八歲 食銀四兩

羅壽山 年四十九歲 食銀四兩

相九霄 年四十六歲 食銀四兩

孫怡雲 年三十四歲 食銀四兩

《昇平署外学花名》

清

22cm × 8cm

中国艺术研究院藏

花名册上记载了进入清宫表演的众多戏曲演员与场面，其中就有梅兰芳的伯父梅雨田。梅雨田（1869—1914），著名京剧琴师，曾领清朝内廷供奉。梅雨田曾长期为谭鑫培伴奏，深得谭氏器重，有“胡琴圣手”之称。谭鑫培在百代唱片公司录制的《卖马》《洪洋洞》唱片，均系梅雨田操琴。

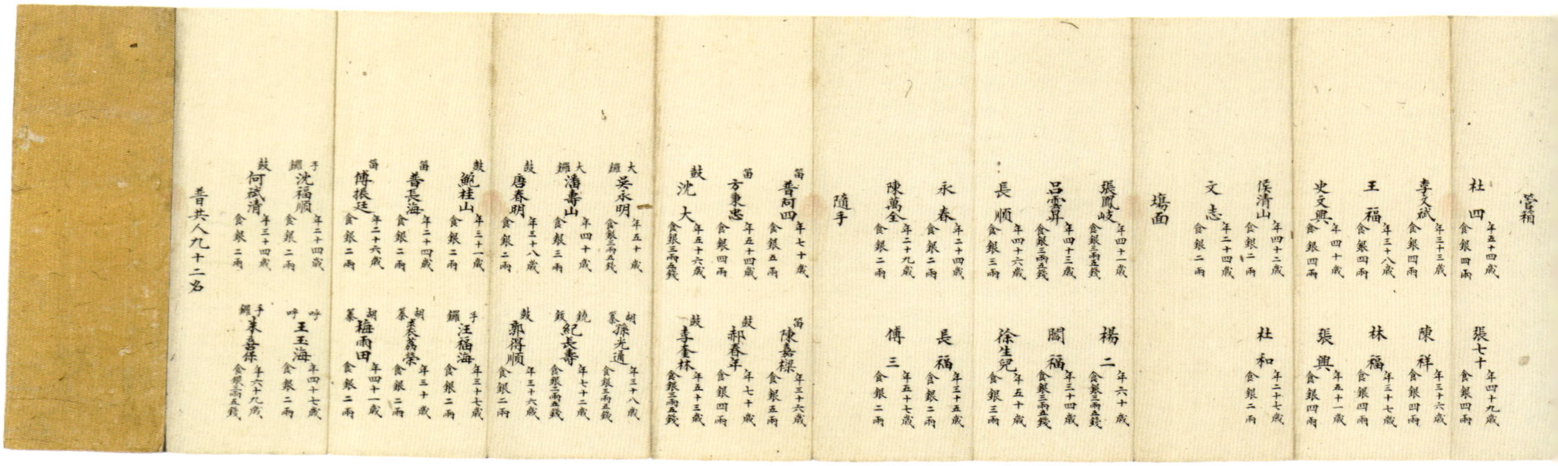
管箱
杜四 年五十四歲 食銀四兩
張七十 年四十九歲 食銀四兩
李文斌 年三十三歲 食銀四兩
陳祥 年三十六歲 食銀四兩
王福 年三十八歲 食銀四兩
林福 年三十七歲 食銀四兩
史文興 年四十歲 食銀四兩
張興 年五十一歲 食銀四兩
侯清山 年四十二歲 食銀二兩
杜和 年二十七歲 食銀二兩
文志 年二十四歲 食銀二兩

場面
張鳳岐 年四十一歲 食銀三兩五錢
楊二 年六十歲 食銀三兩五錢
呂雲昇 年四十三歲 食銀三兩五錢
闕福 年三十四歲 食銀三兩五錢
長順 年四十六歲 食銀三兩
徐生兒 年五十歲 食銀三兩
永春 年二十四歲 食銀二兩
長福 年三十五歲 食銀二兩
陳萬全 年二十九歲 食銀二兩
傅三 年五十七歲 食銀二兩

隨手
笛 普阿四 年七十歲 食銀五兩
笛 陳嘉祿 年三十六歲 食銀五兩
笛 方東忠 年五十四歲 食銀四兩
鼓 郝春年 年七十歲 食銀四兩
鼓 沈大 年五十六歲 食銀三兩五錢
鼓 李奎林 年五十三歲 食銀三兩五錢
大鑼 吳永明 年五十歲 食銀三兩五錢
胡琴 孫光道 年三十八歲 食銀三兩五錢
大鑼 潘壽山 年四十歲 食銀三兩
鐃鈸 紀長壽 年七十二歲 食銀三兩五錢
鼓 唐春明 年三十八歲 食銀二兩
鼓 郭得順 年三十六歲 食銀二兩
鼓 鮑桂山 年三十一歲 食銀二兩
手鑼 汪福海 年三十七歲 食銀二兩
笛 普長海 年二十四歲 食銀二兩
胡琴 秦義榮 年三十歲 食銀二兩
笛 傅振廷 年二十六歲 食銀二兩
胡琴 梅雨田 年四十一歲 食銀二兩
手鑼 沈福順 年二十四歲 食銀二兩
哱哱 王玉海 年四十七歲 食銀二兩
鼓 何斌清 年三十四歲 食銀二兩
手鑼 朱吉保 年六十九歲 食銀二兩五錢

普共人九十二名

昇平署外學花名

觔斗

文清 年五十九歲 食銀四兩

德成 年五十八歲 食銀四兩

王嵩岩 年六十五歲 食銀四兩

汪十兒 年六十四歲 食銀四兩

瑞林 年三十六歲 食銀四兩

恩緒 年三十二歲 食銀四兩

永山 年二十八歲 食銀四兩

德昌 年二十一歲 食銀二兩

長喜 年二十八歲 食銀二兩

教習

李永泉 年五十七歲 食銀四兩

李順亭 年五十六歲 食銀四兩

張長保 年四十七歲 食銀四兩

陳得林 年四十八歲 食銀四兩

譚金培 年六十一歲 食銀四兩

羅壽山 年四十九歲 食銀四兩

于庄兒 年四十一歲 食銀四兩

相九簫 年四十六歲 食銀四兩

侯俊山 年五十二歲 食銀四兩

孫怡雲 年三十四歲 食銀四兩

朱四十 年四十五歲 食銀四兩

周如奎 年五十三歲 食銀四兩

李玉福 年三十三歲 食銀四兩

楊得福 年二十八歲 食銀三兩五錢

金秀山 年五十五歲 食銀三兩五錢

曹永吉 年四十一歲 食銀三兩五錢

得保 年三十三歲 食銀三兩五錢

高得祿 年五十三歲 食銀三兩五錢

郎得山 年四十三歲 食銀三兩五錢

孫培亭 年三十九歲 食銀三兩五錢

王瑤卿 年二十九歲 食銀三兩五錢

沈小金 年五十四歲 食銀三兩五錢

錢金福 年四十六歲 食銀三兩五錢

龔雲甫 年四十五歲 食銀三兩五錢

傅恒泰 年二十九歲 食銀三兩五錢

阿壽 年五十二歲 食銀三兩

鮑福山 年五十六歲 食銀三兩

楊永元 年四十六歲 食銀三兩

穆長久 年四十四歲 食銀三兩

王長林 年五十一歲 食銀三兩

李七 年四十四歲 食銀三兩

王子實 年四十三歲 食銀三兩

訾得全 年二十八歲 食銀三兩

李順德 年四十五歲 食銀三兩

王福壽 年五十八歲 食銀二兩

李連仲 年五十一歲 食銀二兩

謝寶雲 年四十四歲 食銀二兩

朱素雲 年三十八歲 食銀二兩

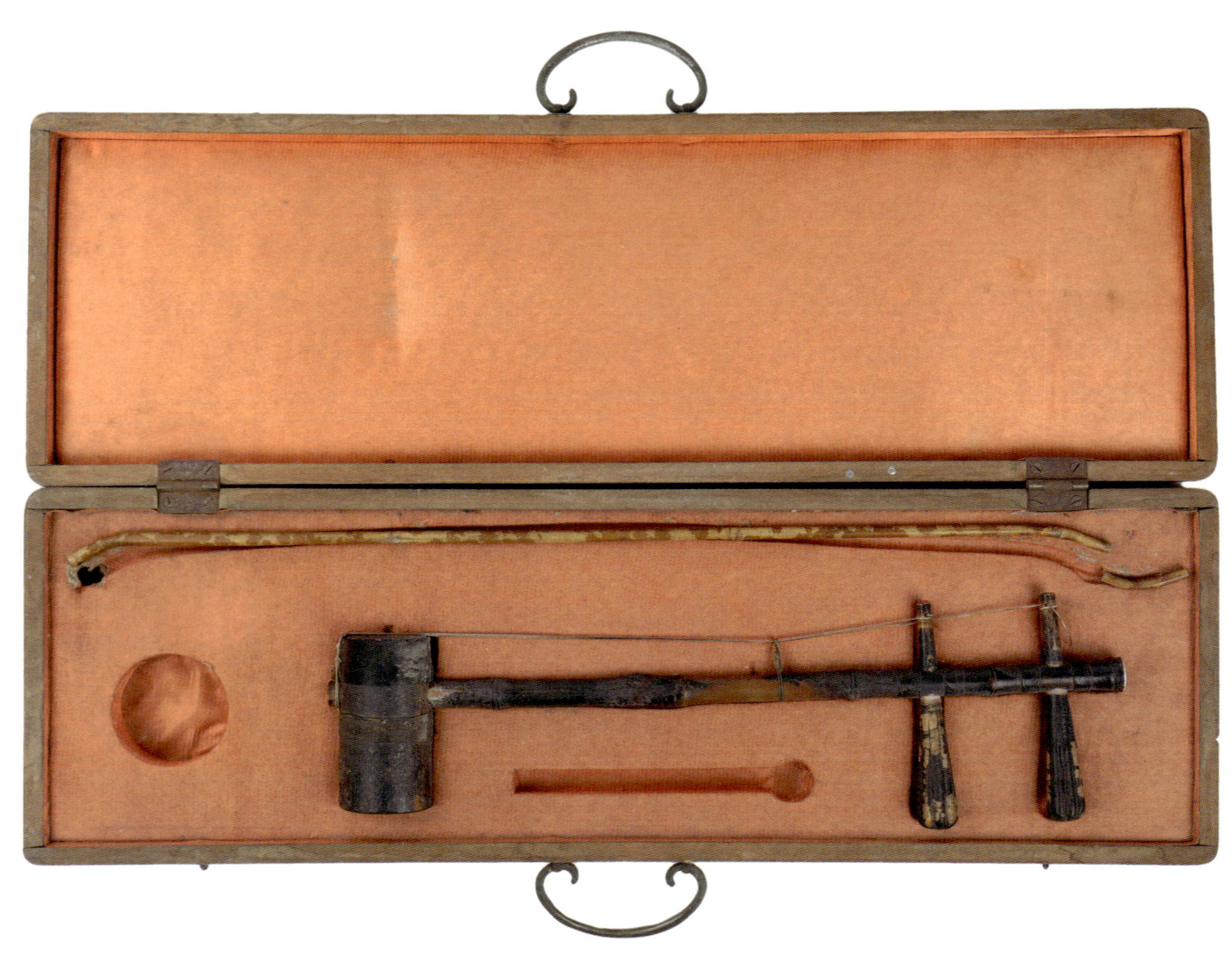

梅雨田使用的胡琴

19 世纪末
琴盒：72cm × 23.5cm × 8cm
琴：48cm × 10.5cm × 5cm
琴弓：通长 68cm
中国艺术研究院藏

《洪洋洞》唱片（刻字版）

1907 年

直径 29cm

百代唱片公司出品，灌录谭鑫培表演的《洪洋洞》片段，伴奏琴师为梅雨田

中国艺术研究院藏

《卖马》唱片（刻字版）

1907 年

直径 29cm

百代唱片公司出品，灌录谭鑫培表演的《卖马》片段，伴奏琴师为梅雨田

中国艺术研究院藏

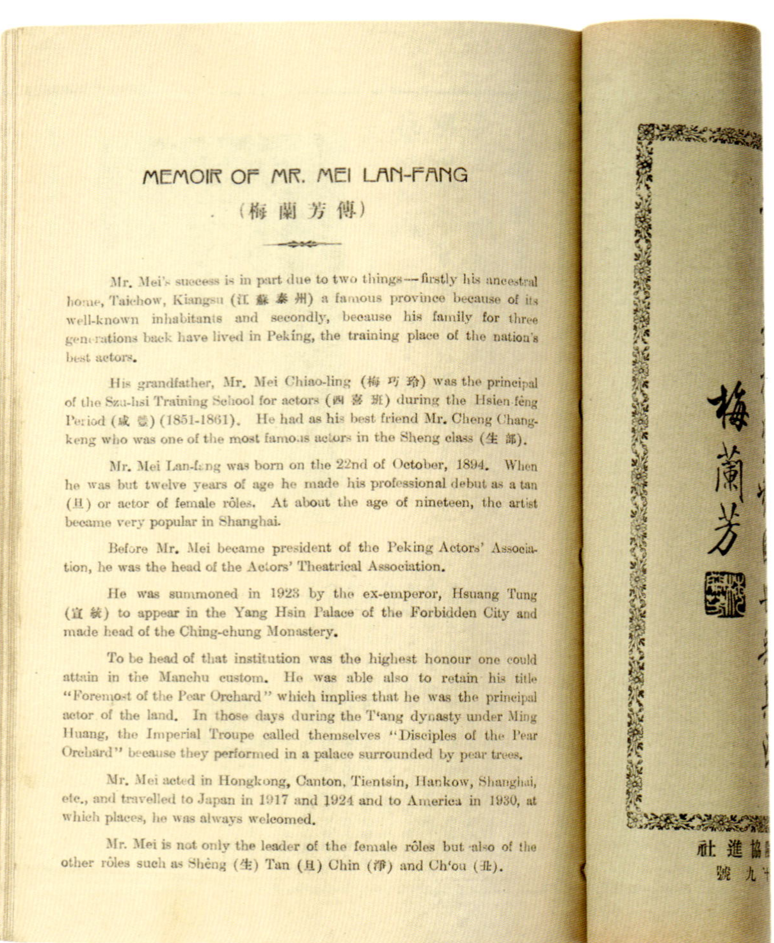

MEMOIR OF MR. MEI LAN-FANG

(梅蘭芳傳)

Mr. Mei's success is in part due to two things—firstly his ancestral home, Taichow, Kiangsu (江蘇泰州) a famous province because of its well-known inhabitants and secondly, because his family for three generations back have lived in Peking, the training place of the nation's best actors.

His grandfather, Mr. Mei Chiao-ling (梅巧玲) was the principal of the Szu-hsi Training School for actors (四喜班) during the Hsien-fêng Period (咸豐) (1851-1861). He had as his best friend Mr. Cheng Chang-keng who was one of the most famous actors in the Sheng class (生部).

Mr. Mei Lan-fang was born on the 22nd of October, 1894. When he was but twelve years of age he made his professional debut as a tan (旦) or actor of female rôles. At about the age of nineteen, the artist became very popular in Shanghai.

Before Mr. Mei became president of the Peking Actors' Association, he was the head of the Actors' Theatrical Association.

He was summoned in 1923 by the ex-emperor, Hsuang Tung (宣統) to appear in the Yang Hsin Palace of the Forbidden City and made head of the Ching-chung Monastery.

To be head of that institution was the highest honour one could attain in the Manchu custom. He was able also to retain his title "Foremost of the Pear Orchard" which implies that he was the principal actor of the land. In those days during the T'ang dynasty under Ming Huang, the Imperial Troupe called themselves "Disciples of the Pear Orchard" because they performed in a palace surrounded by pear trees.

Mr. Mei acted in Hongkong, Canton, Tientsin, Hankow, Shanghai, etc., and travelled to Japan in 1917 and 1924 and to America in 1930, at which places, he was always welcomed.

Mr. Mei is not only the leader of the female rôles but also of the other rôles such as Shêng (生) Tan (旦) Chin (淨) and Ch'ou (丑).

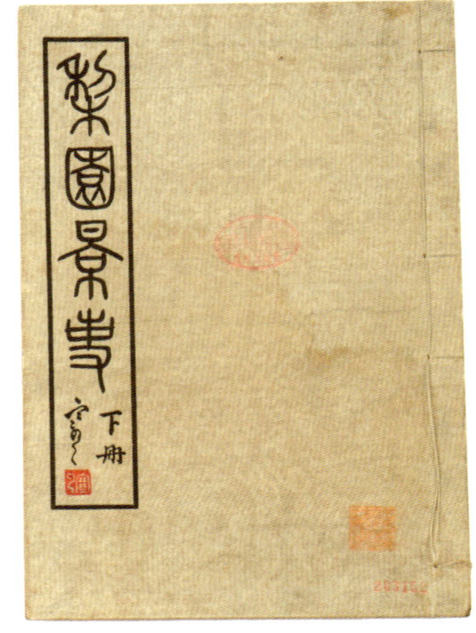

《梨园影事》（上下册）

1933 年

26.3cm × 18cm

徐慕云编

中国艺术研究院藏

华东印刷公司出版。该书记载了梅氏三代的相关资料，其中印有梅兰芳父亲梅竹芬便装照一幅。梅竹芬（1872—1897），又名梅肖芬、梅明瑞，字凌云，名伶梅巧玲之次子，其为人忠厚老实、性情温和。梅竹芬初习老生，后改小生，最后唱青衣、花旦，深得家传。

獨占春光

Mei Chiao-ling

梅巧玲之蕭太后

梅巧玲

梅巧玲。名芳。字慧仙。一名雪芬。乃蘭芳之祖也。業崑旦。曾為四喜班主。為人任俠好義。嘗以鉅金為某名士償夙債。並撫其遺族。一時聲名大噪。內外行中無不敬其為人。名士樊增祥等。常出入其李鐵拐斜街景和堂私寓。故對彼揄揚尤力。巧玲貌豐美。唱作皆佳。嘗演盤絲洞一劇。肌膚豐潤如玉。因有胖巧玲之綽號焉。雁門關之蕭太后。（像見上）盤絲洞之蜘蛛精。均其最得意之作。其人不僅俠義謙和。抑且待下寬大。一日某友人來訪。適遇家人某竊一掛鐘匆匆外出。其一種張惶之狀。一望而知其乃宵小之行也。某君乘入內告以適所見事。巧玲固知某君所言非虛。但以性喜隱惡揚善故。乃謂該鐘機件。似有損傷。特令某攜出修理也云云。其後某家人覺一去不返。彼亦毫未追究。於此亦足見其平日待人之一斑矣。人言蘭芳饒有祖風。亦以其性頗任俠故耳。巧玲歿於光緒初年。子二。長大瑣。即名琴師梅雨田。次二瑣。字肖芬。即蘭芳之父也。

MEMOIR OF MR. MEI CHIAO-LING

(梅巧玲傳)

Mr. Mei Chiao-ling was the head of the Szu-hsi Training School for (四喜班) at the time of the Emperor Hsien-fêng's (咸豐) period (1861). He made his professional dèbut as a tan (旦), or actor of rôles. As his body was fat, so he was sometimes called Fat ling.

His grandson, Mr. Mei Lan-fang (梅蘭芳) is the most famous China and his eldest son Mr. Mei Yu-tien (梅雨田) was the first fiddler and was as fat as his father.

His second son Mr. Mei Hsiao-fen (梅肖芬) is Mei Lan-fang's who impersonated female rôles.

Mr. Mei Chiao-ling played the selection "Yen Men Kuang (雁門 ry well-known in Peking. He portrayed a Manchu Empress, and magnificent gown with anthentic jeweleries, flowers, shoes, etc; wing image is that of the Empress, as impersonated by Mr. Mei.

Mei Hsiao-fen

梅肖芬之便裝

梅肖芬

梅肖芬。孺名二瑣。為著名花旦梅巧玲之次子。即當代第一花衫梅蘭芳之父也。業青衣。與名小生朱素雲為同年且係至友。貌姣好如處女。巧玲歿後肖芬繼之而為景和堂主人。名士樊樊山易實甫等俸之甚力。肖芬之兄。名大瑣。即中國第一琴師梅雨田君。光緒丙申肖芬病歿。時蘭芳方六齡。幸賴雨田之撫養。始得長成而博有今日之盛名。故蘭芳對其伯父母。亦甚能克盡孝道也。此照乃肖芬光緒中年所攝。蓋四十年前之珍品也。（另有肖芬十九歲時書扇。刊於名伶書畫部。尤屬罕覯之作。該扇面乃程子大先生所借刊上有蘭芳題字及程君跋語。蘭芳自云。其父逝世甚早。彼不惟未曾見其作品即彼家中亦無遺墨留存。曾再四向子大先生索閱並攝影以留紀念。。子大先生者。即名票程君謨君封翁。號十髮老人者也。雲識）

《兰花》扇面照片

年代不详

24cm × 30.8cm

梅兰芳为父亲梅肖芬画《兰花》扇面题识

梅兰芳纪念馆藏

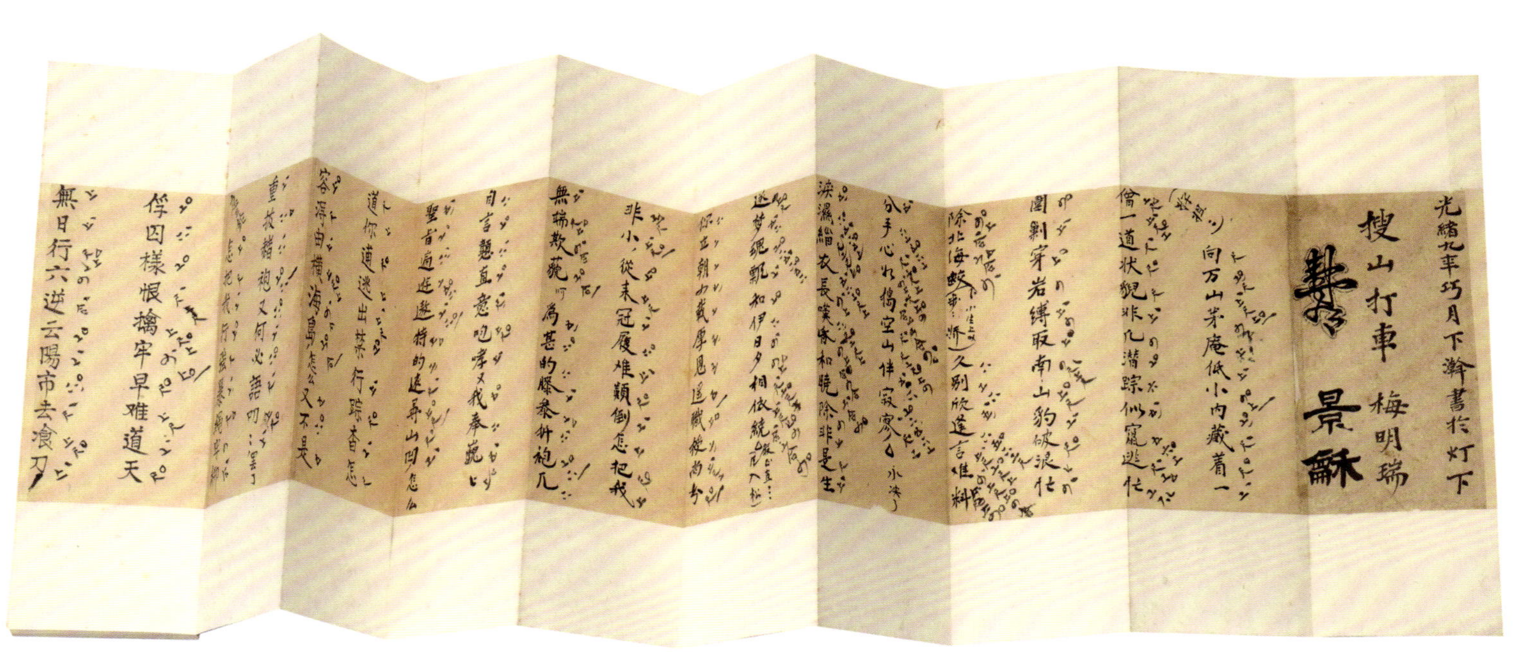

光緒九年巧月下澣書於灯下
搜山打車
梅明瑞
景龢

梅竹芬抄《搜山打车》

1883 年
经折装 12cm × 8cm
中国艺术研究院藏

清光绪九年（1883）抄本，经折装，半页二行，有工尺谱。内封题“光绪九年巧月下澣书于灯下”“搜山打车”“梅明瑞”“景和”。该抄本为梅兰芳父亲梅肖芬手抄京剧传统剧目《搜山打车》演出本。

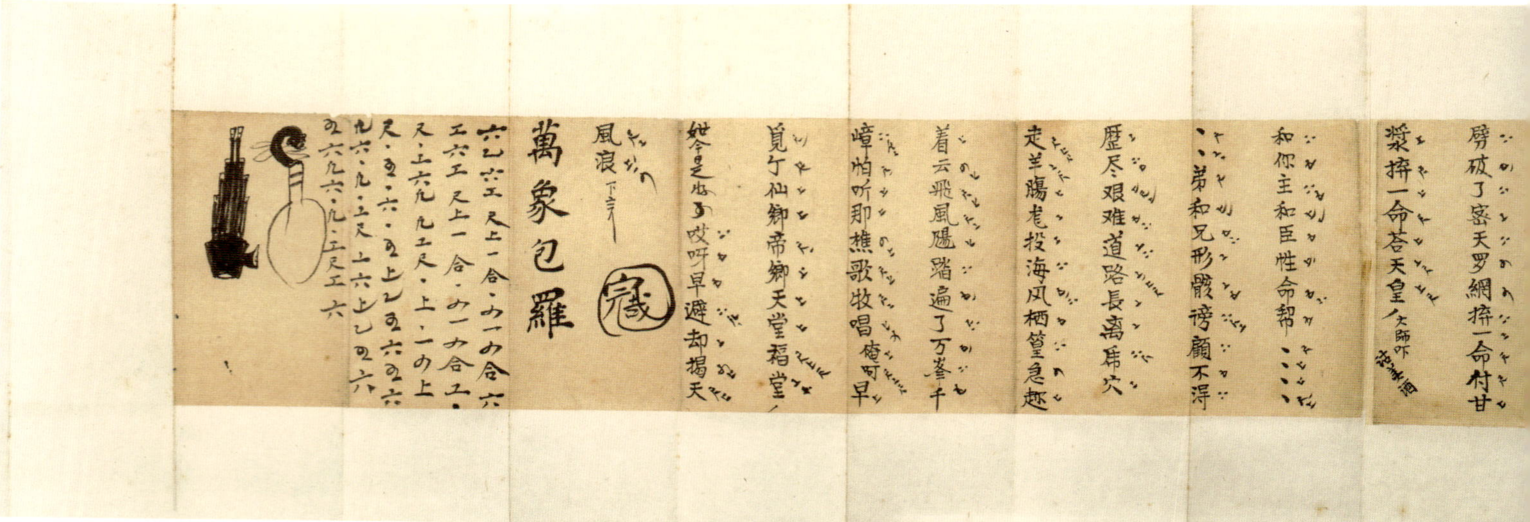
劈破了密天罗網拚一命村甘
漈拚一命荅天皇
和你主和臣性命帮
弟和兄形骸謗顧不淂
歷尽艰难道路長离帰穴
走羊腸老投海风栖篁急趣
着云飛風飏踏遍了万峯千
嶂怕听那樵歌牧唱俺可早
覓个仙鄉帝鄉天堂福堂
姓今是此了哎呀早避却揭天
風浪
萬象包羅

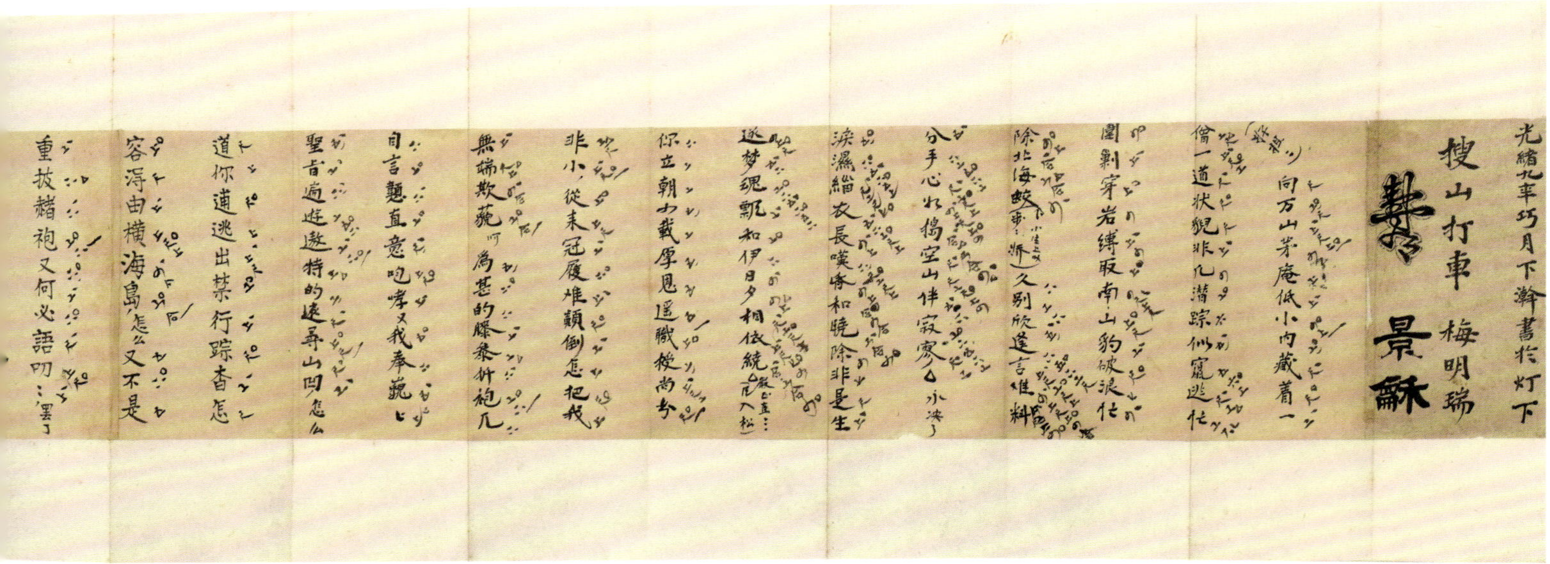
光緒九年巧月下澣書於灯下

搜山打車 梅明瑞

景龢

向万山茅庵低小內藏着一

個一道狀貌非凡潛踪似竄逃仕

圍剿穿岩縛取南山豹破浪仕

除北海蛟久別欣逢言堆料

分手心兒傷空山伴寂寥△小決

淚濕緇衣長嘆昏和曉除非是生

逐夢魂飄和伊日夕相依繞

你立朝十載厚恩遙職被尚兮

非小，從未冠履堆顛倒怎把我

無端欺藐呵為甚的滕黍扞袍几

自言麵直意吔孝又我奉藐

聖旨逾遊遨特的遠尋山凹怎么

道你逋逃出禁行踪杳怎

容得由橫海島怎么又不是

重披緇袍又何必語叨叨罢了

学艺

梅兰芳与开蒙老师吴菱仙

陈德霖（青衣戏）

王瑶卿（花衫戏）

梅雨田（青衣戏）

茹莱卿（武工）

乔蕙兰（昆曲）

李寿山（昆曲）

秦稚芬（花旦戏）

路三宝（右）（刀马旦戏）

钱金福（武工）

陈嘉樑（昆曲）

丁兰荪（昆曲）

梅兰芳与开蒙老师吴菱仙合影

左起：朱幼芬、梅兰芳、吴菱仙

梅兰芳与陈德霖合影

陈德霖（前排坐者）和弟子合影
后排右起：梅兰芳、王瑶卿、王蕙芳、姜妙香、王琴依、姚玉芙

梅兰芳与学艺同伴合影

梅兰芳 14 岁时在“喜连成”班留影

前排左起：刘砚芳、姚玉芙、梅兰芳、王春林

中排左起：曹小凤、孙砚亭、姜妙卿、迟玉林

后排左起：罗小宝、姚佩兰、姜妙香、朱幼芬

梅兰芳便装照

时年 15 岁

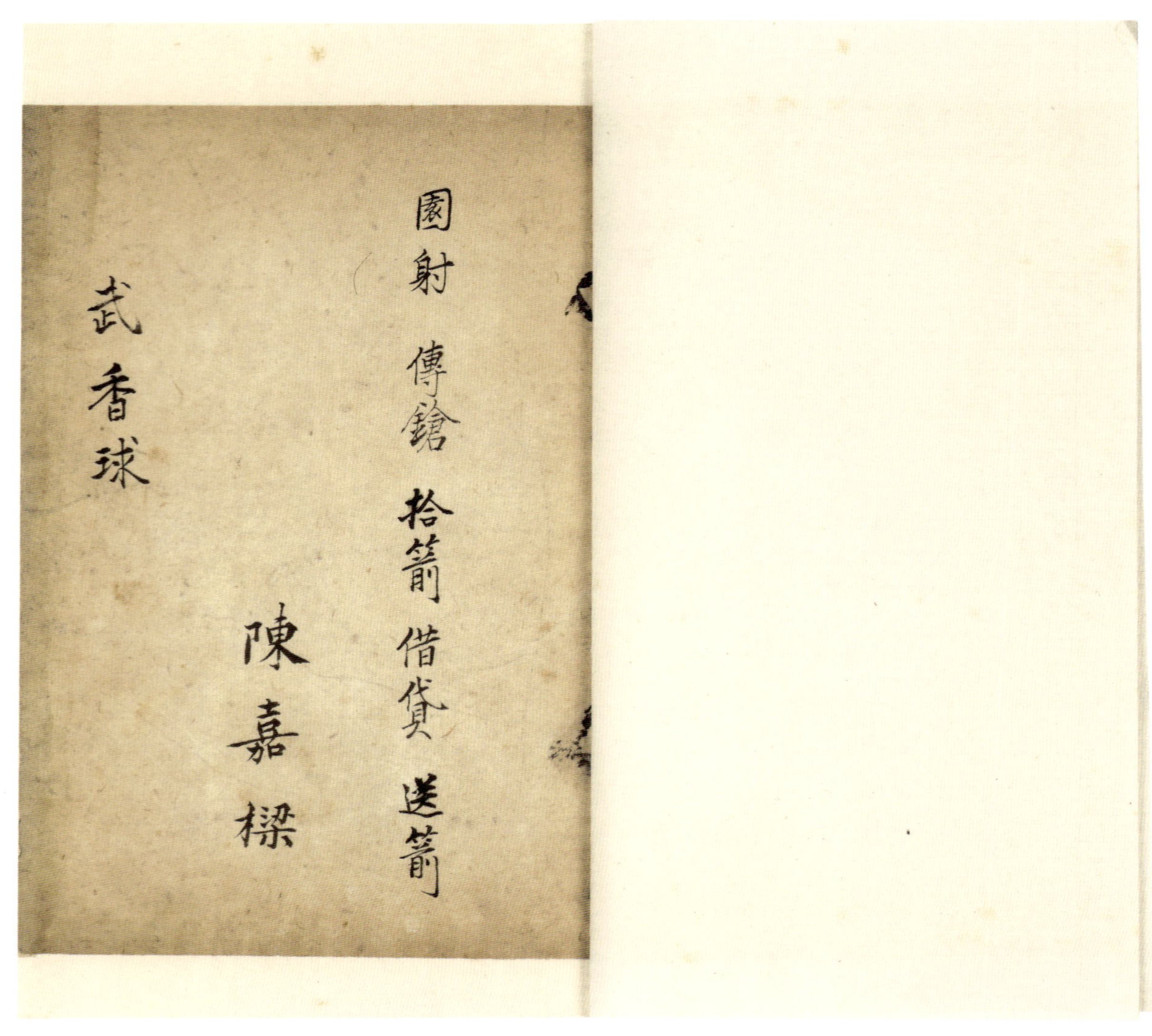
園射 傳鎗 拾箭 借貸 送箭

陳嘉樑

武香球

《武香球》抄本

清

29.7cm × 20cm

陈嘉梁旧藏

中国艺术研究院藏

第三齣

丑扮如意上

〔字〻双〕奴〻生得甚風流非謬终朝打扮巧梳頭滑溜串个脂粉半个油不匀面皮好像火石榴黃瘦〻〻（白）小奴喚做如意標致無人能及说甚沉魚落雁果然花羞月閉只差手脚粗蠢跟隨小姐多值有时拾箭擂鼓有时抗鎗挑戟虽然不諳武藝也会拳拖脚踢撞着等耻家人对我有六陵七劈面一个巴掌登時教他逃直因此人〻怕我〻〻女中無敵閑話少说今日小姐要往花園里操演那吉祥还勿見来〻（内應介）嗳咕看里妖得来哉等我们过一边

《荷花》

民国时期

80cm × 46cm

王瑶卿绘，纸本设色

中国艺术研究院藏

王瑶卿（1881—1954），字希庭，号菊痴，京剧旦角表演艺术家，青衣、刀马旦兼演，文武昆乱不挡，人称“通天教主”。他还是重要的戏曲教育家，培养了众多京剧人才，“四大名旦”都曾受业其门下。

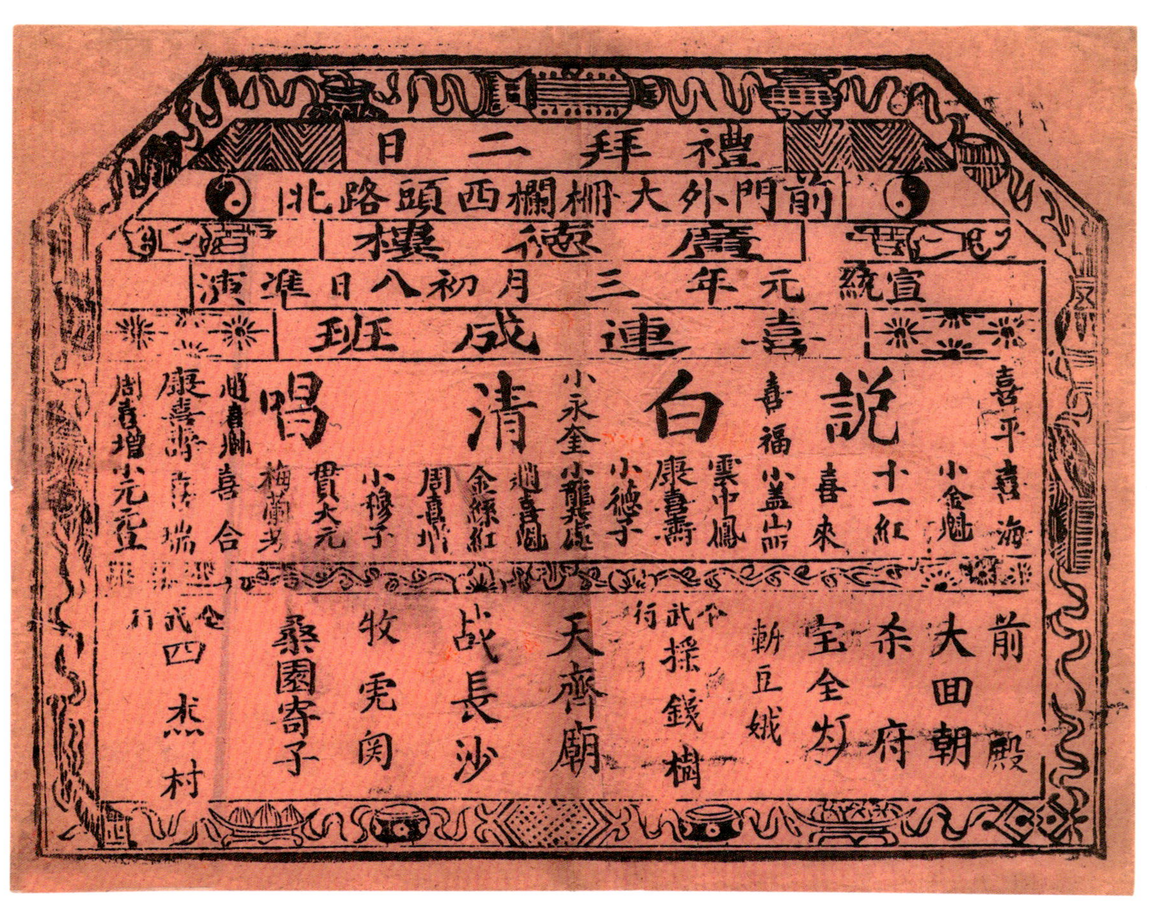

广德楼三月初八戏单

1909 年

23cm × 18cm

中国艺术研究院藏

该戏单为宣统元年（1909）印行，为目前存世最早的梅兰芳演出戏单，其时梅兰芳搭班“喜连成”演出，尚不满 15 岁。

绽放

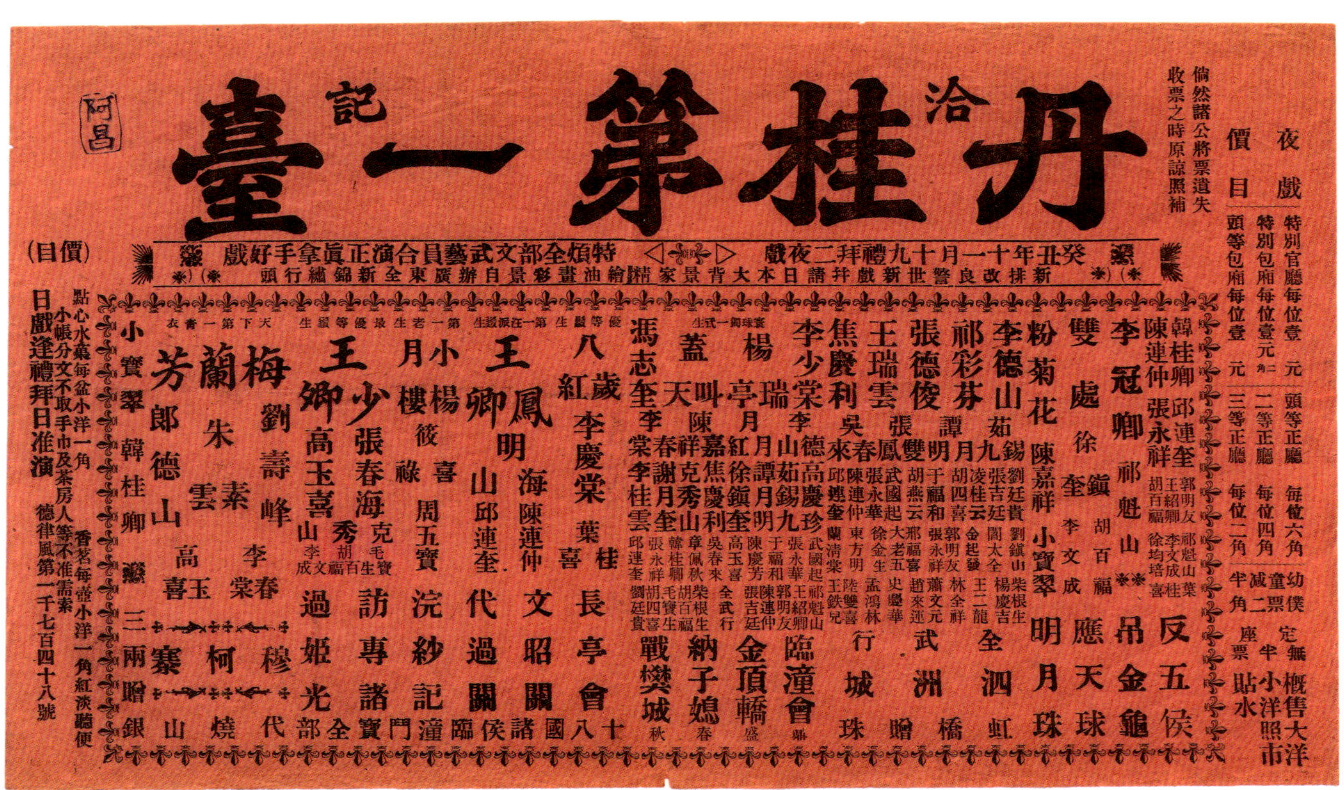

丹桂第一台十一月十九日戏单

1913 年

23cm × 39cm

中国艺术研究院藏

1913 年 10 月底，梅兰芳接受上海许少卿邀请，首次赴沪演出（梅兰芳第一次离开北京），在四马路大新路口丹桂第一台演出了《彩楼配》《玉堂春》等戏，11 月 16 日第一次贴演扎靠戏《穆柯寨》，这是梅兰芳第一次唱大轴戏。

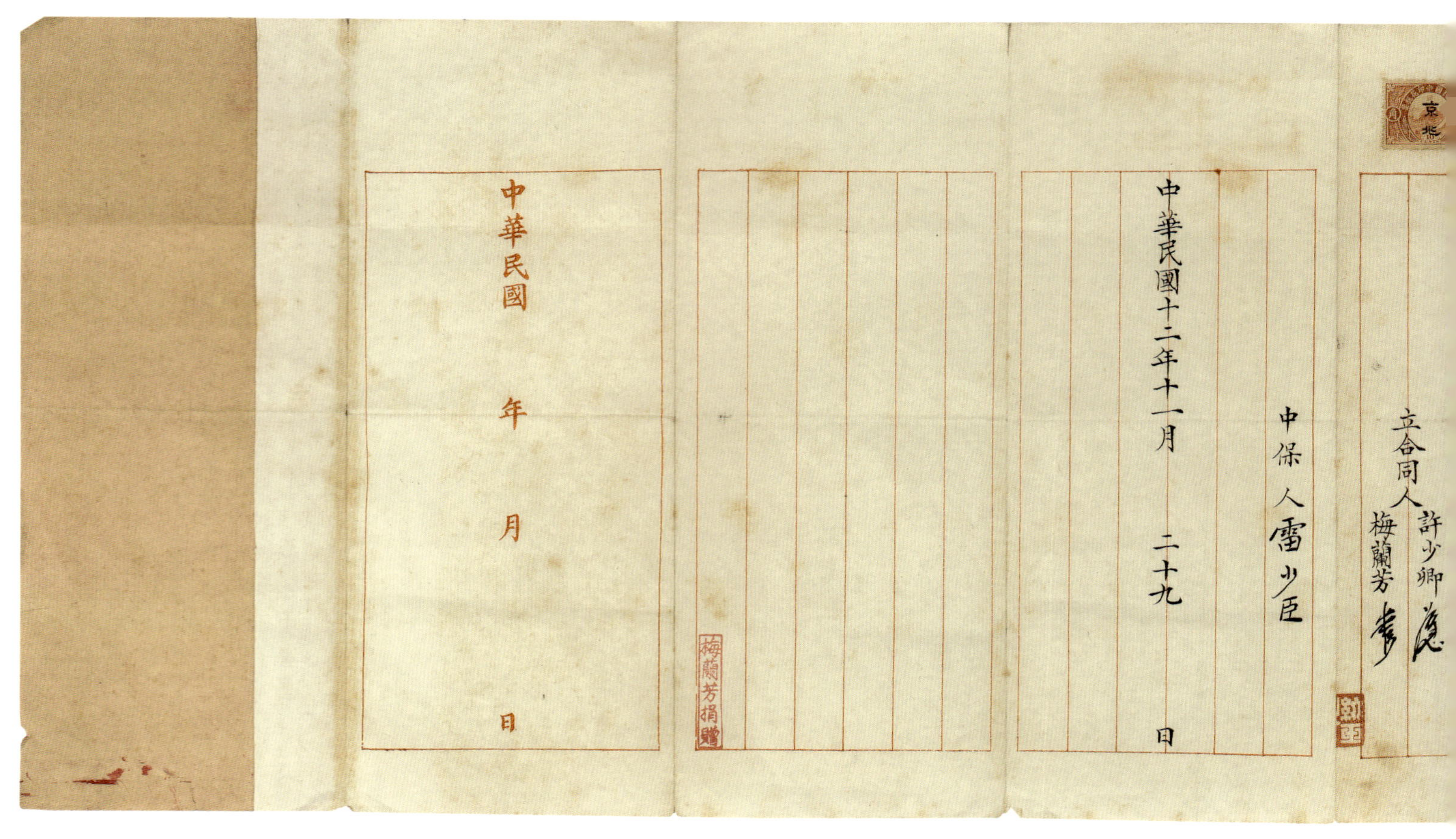
立合同人許少卿
梅蘭芳
中保人雷少臣
中華民國十二年十一月二十九日
梅蘭芳捐贈
中華民國　年　月　日

赴沪共舞台演剧合同

1923 年
28.5cm × 11.5cm
中国艺术研究院藏

民国十二年（1923），梅兰芳赴上海共舞台演出，与许少卿签订的合同。

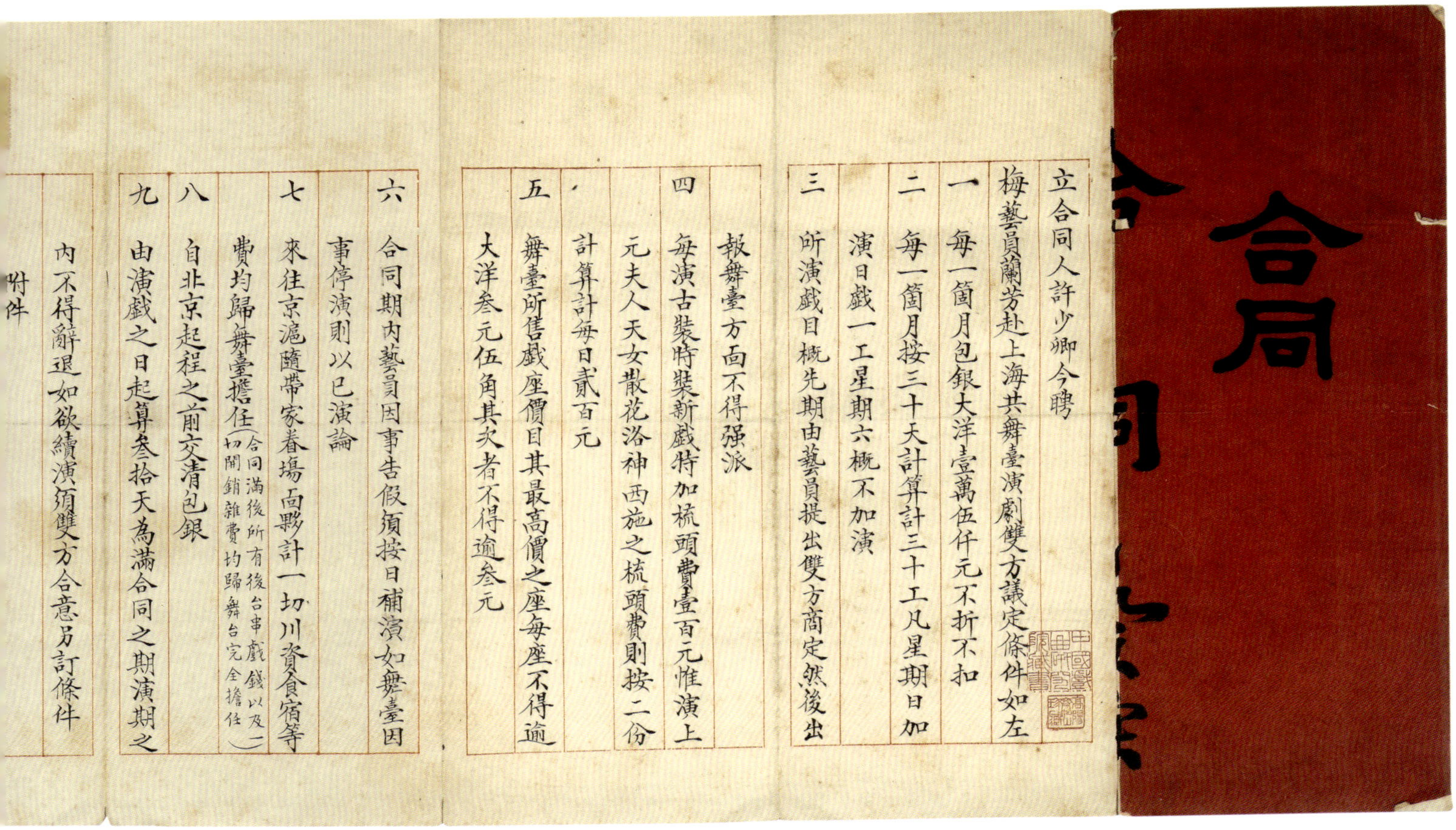

合同

立合同人許少卿今聘
梅藝員蘭芳赴上海共舞臺演劇雙方議定條件如左

一 每一箇月包銀大洋壹萬伍仟元不折不扣

二 每一箇月按三十天計算計三十工凡星期日加演日戲一工星期六概不加演

三 所演戲目概先期由藝員提出雙方商定然後出報舞臺方面不得强派

四 每演古裝特裝新戲特加梳頭費壹百元惟演上元夫人天女散花洛神西施之梳頭費則按二份計算計每日貳百元

五 舞臺所售戲座價目其最高價之座每座不得逾大洋叁元伍角其次者不得逾叁元

六 合同期內藝員因事告假須按日補演如舞臺因事停演則以已演論

七 來往京滬隨帶家眷場面夥計一切川資食宿等費均歸舞臺擔任（合同滿後所有後台串戲錢以及一切開銷雜費均歸舞台完全擔任）

八 自北京起程之前交清包銀

九 由演戲之日起算叁拾天為滿合同之期演期之內不得辭退如欲續演須雙方合意另訂條件

附件

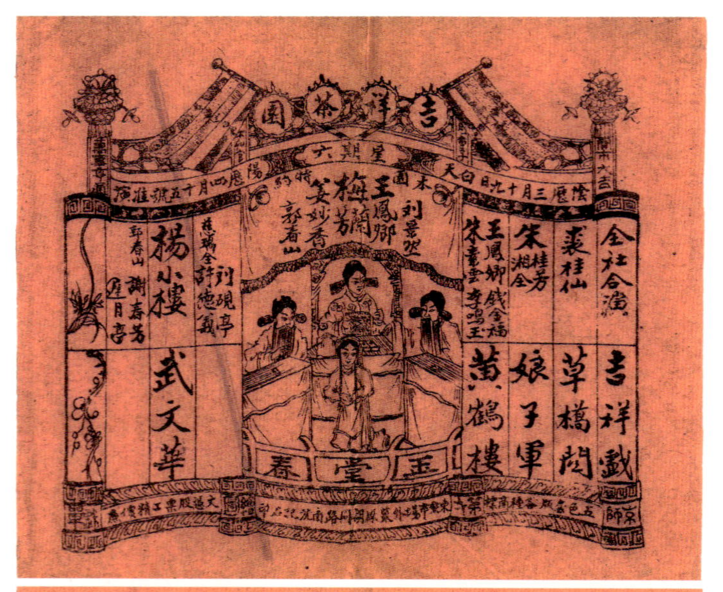

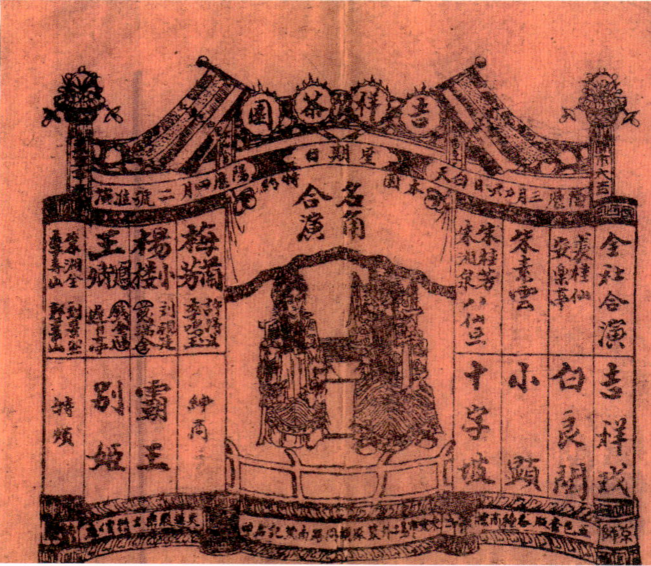

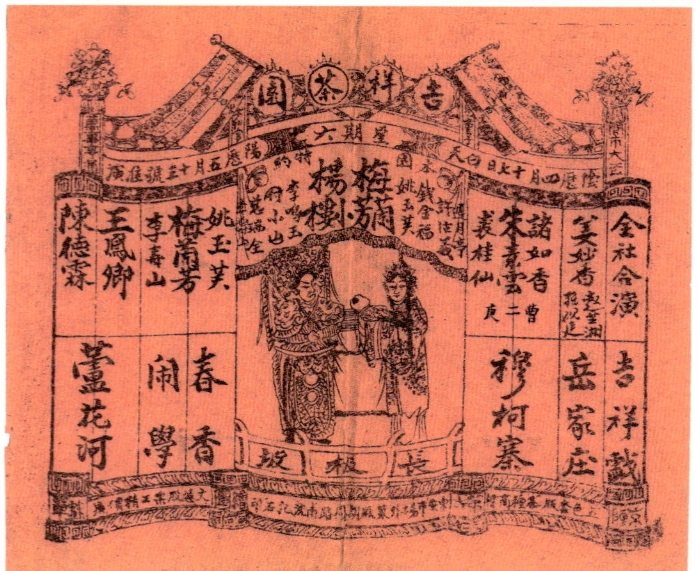

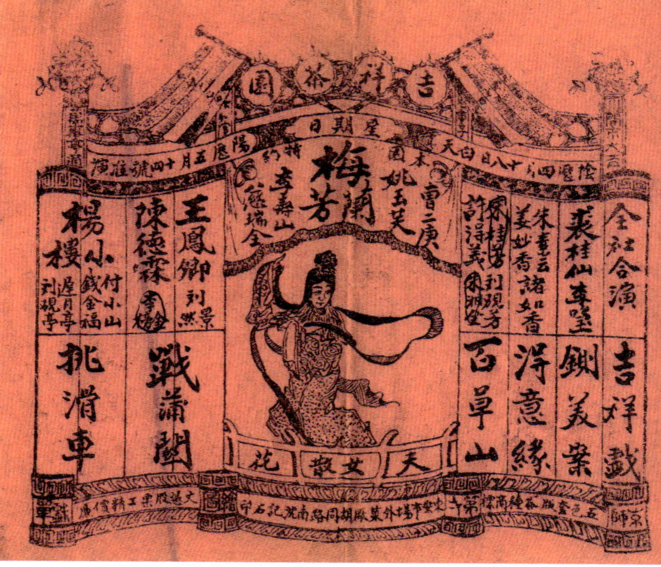

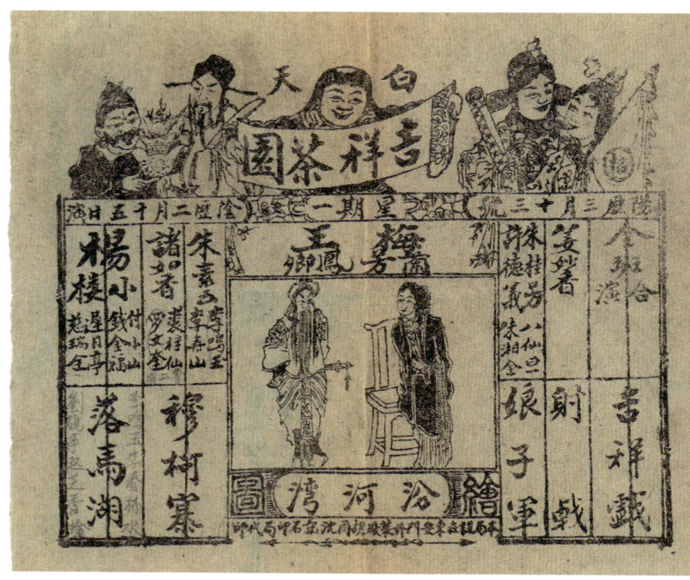

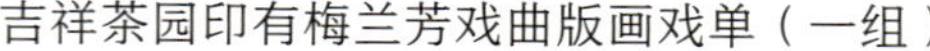

吉祥茶园印有梅兰芳戏曲版画戏单（一组）

1922 年

19cm × 22cm

中国艺术研究院藏

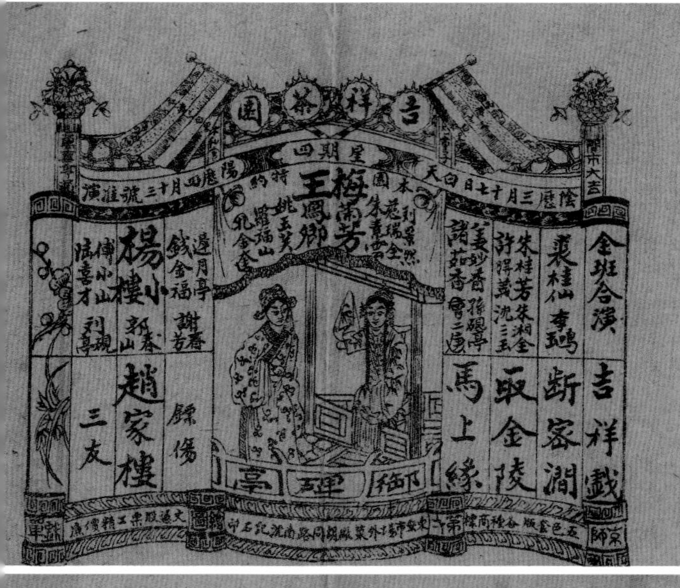
吉祥茶園

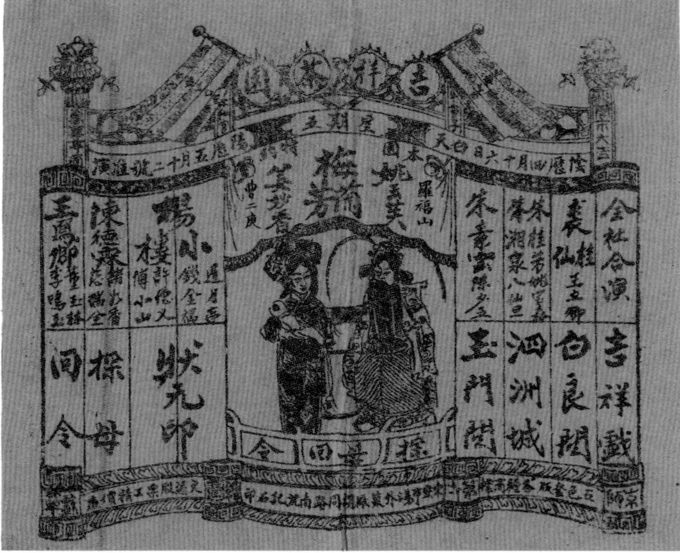
吉祥茶園

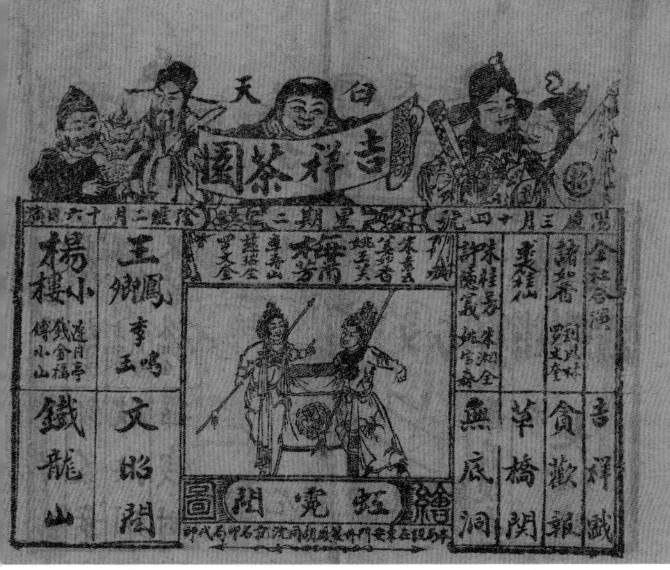
白天
吉祥茶園

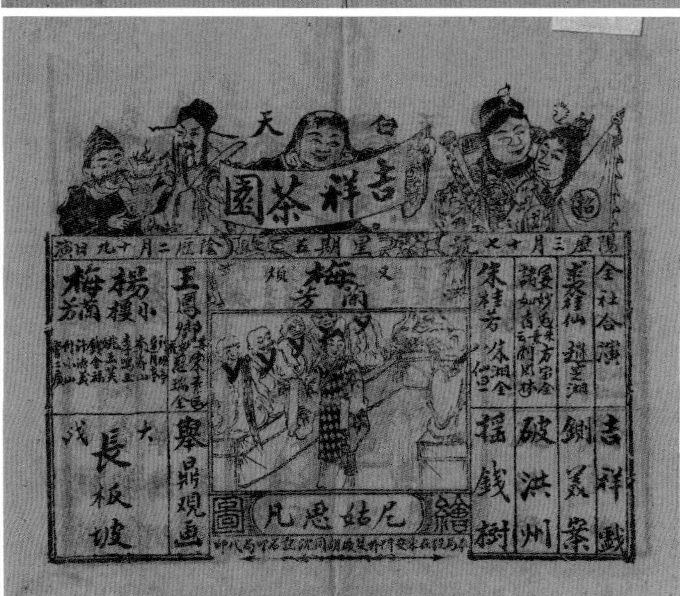
白天
吉祥茶園

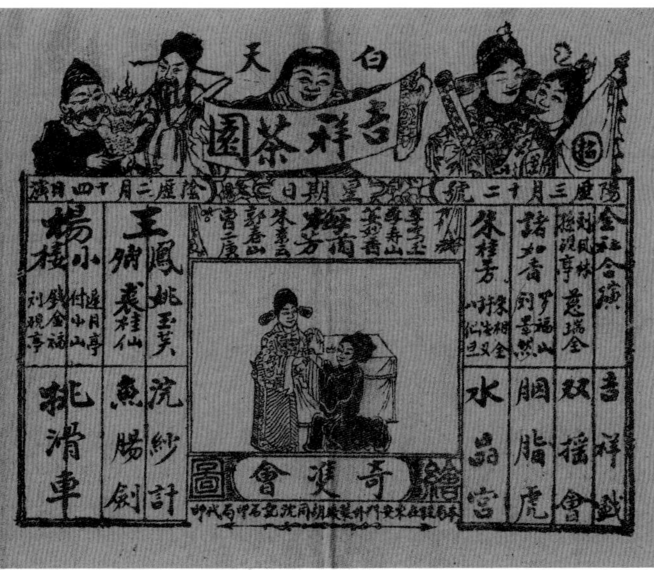
白天
吉祥茶園

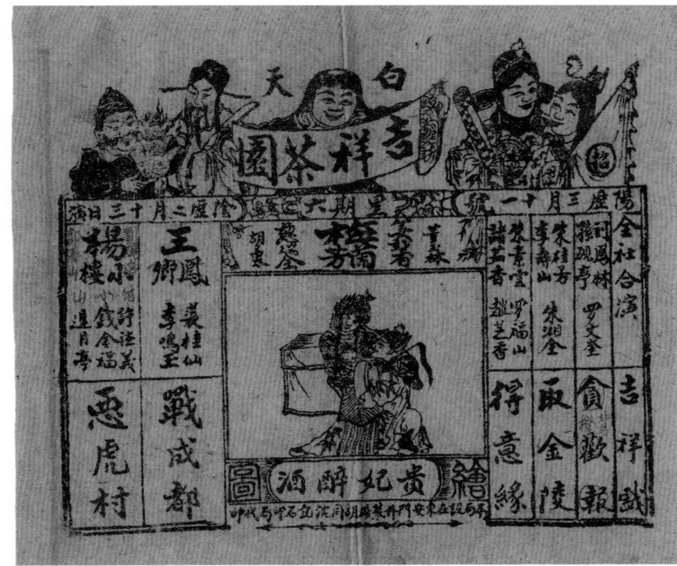
白天
吉祥茶園

《西厢记》定妆照

20 世纪 20—30 年代
98cm × 75cm
梅兰芳、尚小云合演
中国艺术研究院藏

《断桥》定妆照

20 世纪 20—30 年代
97cm × 77cm
梅兰芳、尚小云、程砚秋合演
中国艺术研究院藏

“剧界大王”纪念章

1917 年
直径 4cm，绶带长 6.5cm
梅兰芳纪念馆藏

1917 年，北京《顺天时报》发起读者投票选举，梅兰芳当选“剧界大王”。

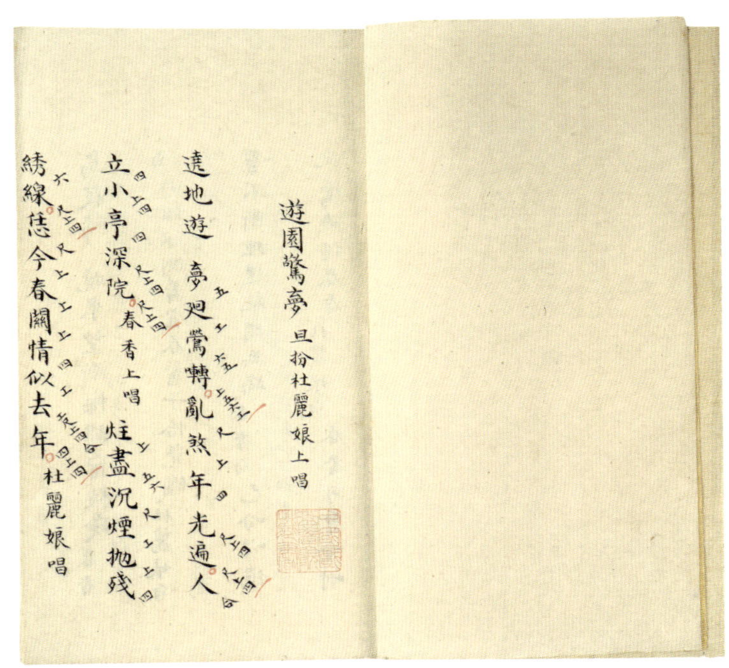

《游园惊梦》抄本

清

24.1cm × 15.3cm

齐如山旧藏，一函一册

中国艺术研究院藏

太平戏院九月十六日戏单

1922 年

32cm × 56cm

中国艺术研究院藏

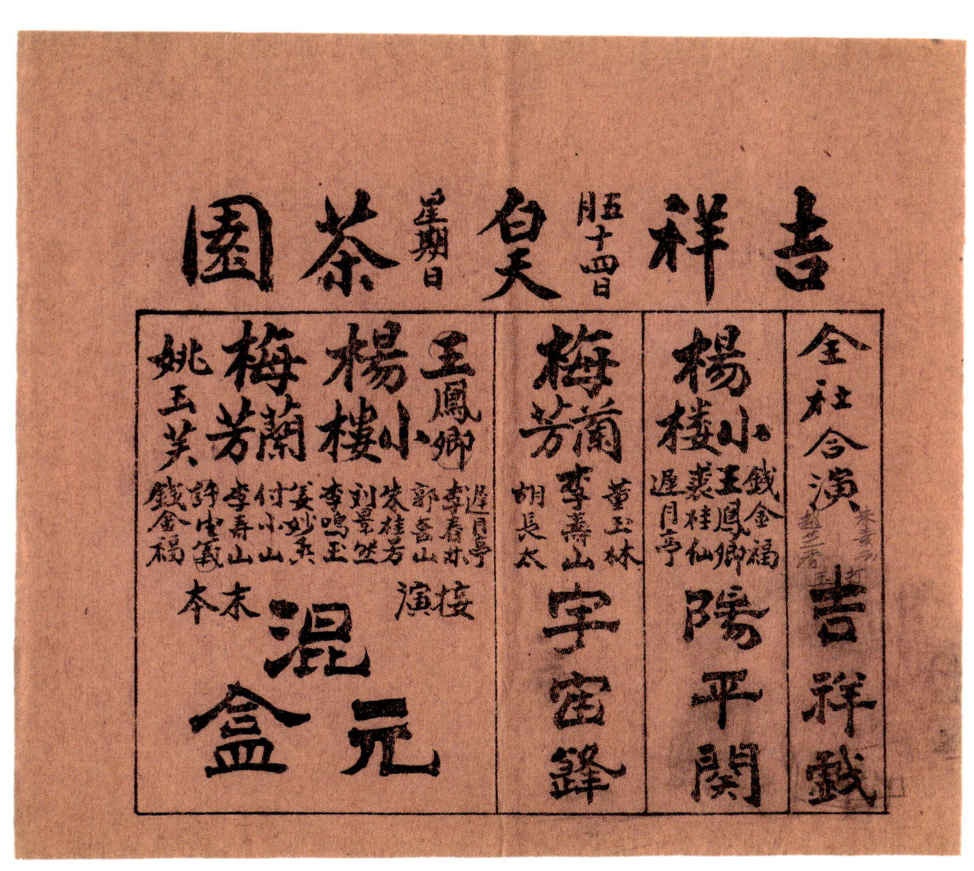

吉祥茶园五月十四日戏单

年代不详

19cm × 21cm

中国艺术研究院藏

《游园惊梦》剧装照 1

梅兰芳饰杜丽娘

《游园惊梦》剧装照 2

梅兰芳饰杜丽娘（左）、俞振飞饰柳梦梅（右）

《游园惊梦》戏衣

20 世纪 20—30 年代
肩袖通长 208cm，衣长 115cm
中国艺术研究院藏

梅兰芳以京剧为主业，兼擅昆曲，其《游园惊梦》堪称招牌戏、代表作，一直延演至晚年。梅兰芳不仅演昆曲，也吸收其中的艺术元素作为京剧革新的重要一环，同时为昆曲的扶持振兴做出了重要贡献。

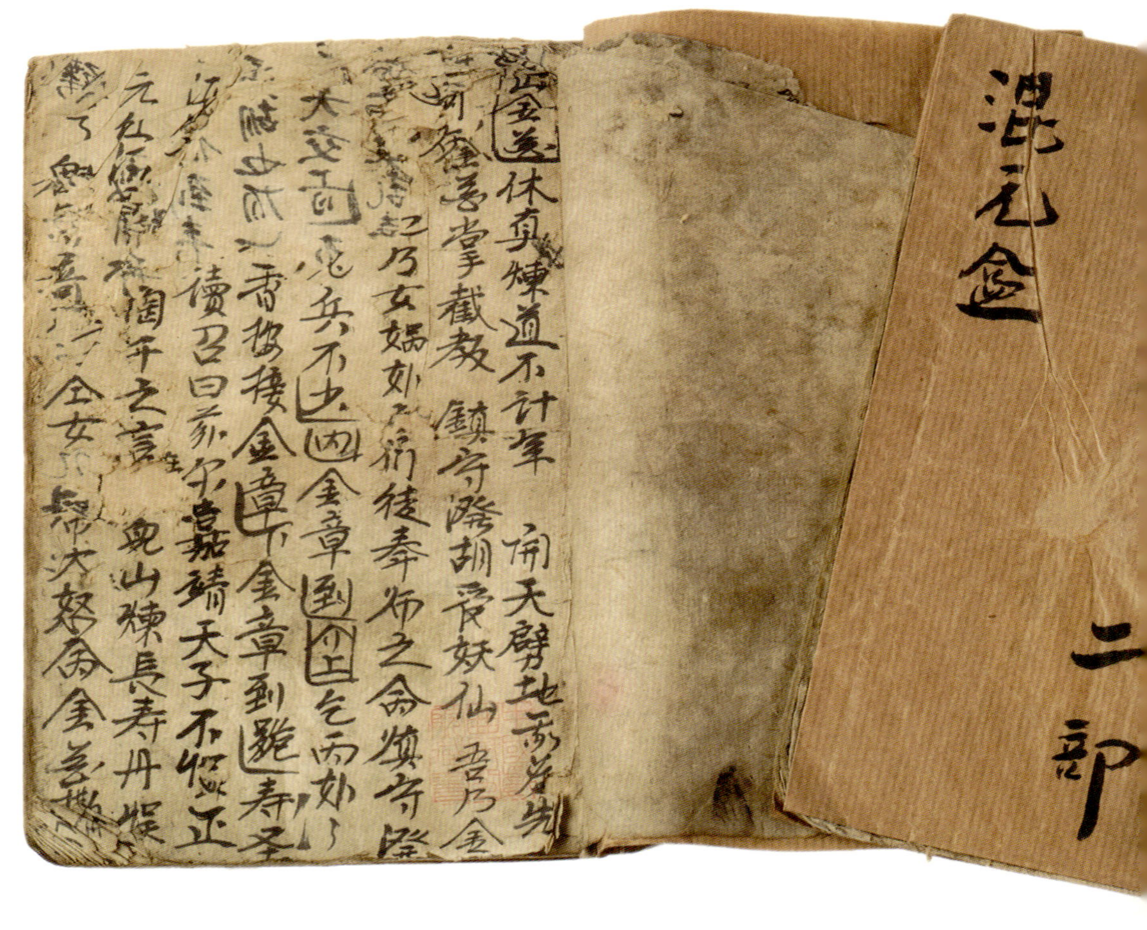

《混元盒》抄本

民国时期
18.3cm × 13cm
齐如山旧藏艺人演出本，一函四册
中国艺术研究院藏

混元盒
三部
混元盒
四部

《混元盒》戏衣

20 世纪 10—20 年代
肩袖通长 156cm，衣长 70cm；裤腰宽 51cm，裤长 108cm；裙腰围 120cm，裙长 96cm
中国艺术研究院藏

自清中叶至民国以来，京剧传统戏《混元盒》在梨园十分盛行，因迎合了“端阳收五毒”的民间习俗而成为端午节的应景之戏。该戏原有八本之多，民国初年梅兰芳曾演出过全本《混元盒》，此后常演者仅为其中的《金针刺红蟒》《琵琶缘》两本。

《混元盒》剧装照

梅兰芳饰红蟒

《洛神》剧装照 1

1926 年
梅兰芳饰洛神

《洛神》剧装照 2

1936 年
梅兰芳饰洛神

《洛神》剧装照 3

1955 年
梅兰芳饰洛神

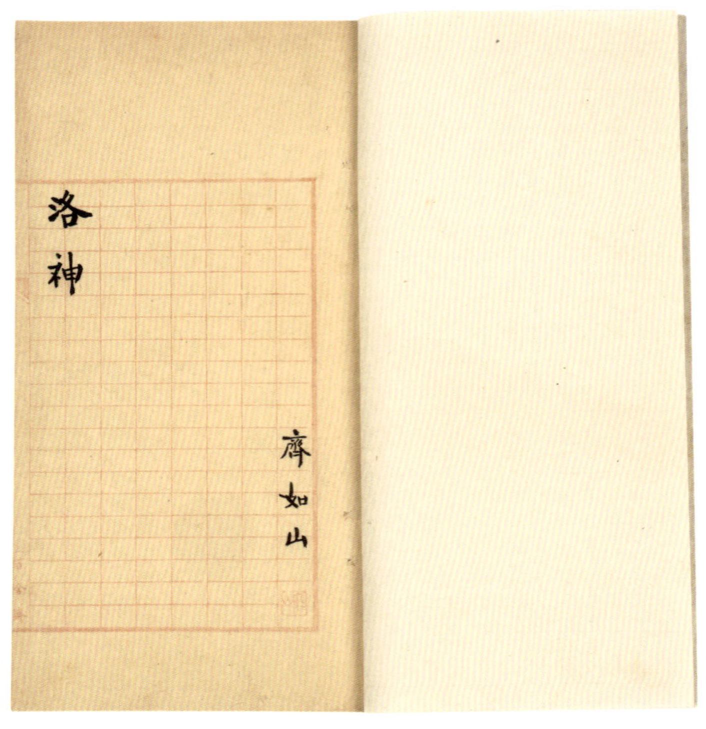
洛神
齊如山

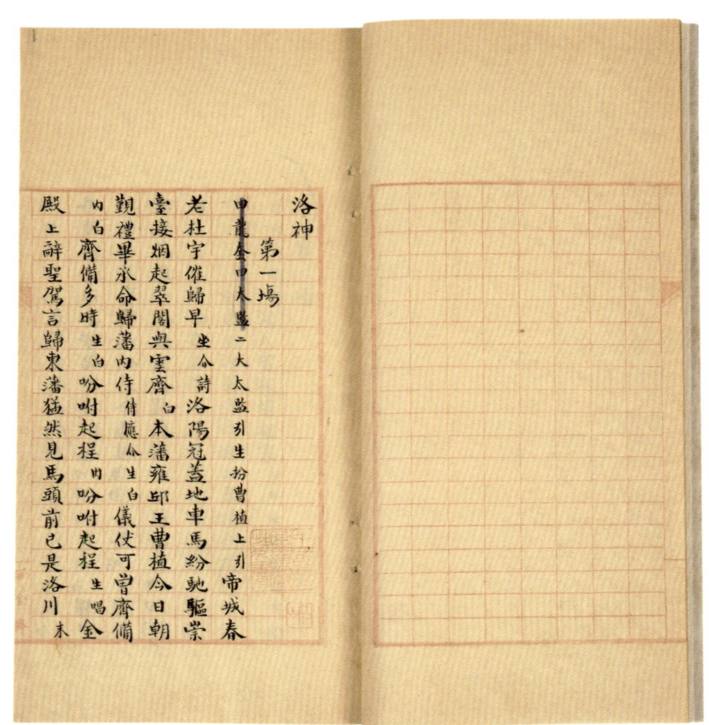
洛神
第一場
四龍套四太監二大太監引生扮曹植上引 帝城春
老杜宇催歸早 坐介 詩 洛陽冠蓋地車馬紛馳驅崇
臺接烟起翠閣與雲齊 白 本藩雍邸王曹植今日朝
覲禮畢承命歸藩内侍 侍應介 生白 儀仗可曾齊備
内白 齊備多時 生白 吩咐起程 内 吩咐起程 生 唱 金
殿上辭聖駕言歸東藩猶然見馬頭前已是洛川 末

《洛神》抄本

民国时期

26.2cm × 15cm

齐如山旧藏，一函一册

中国艺术研究院藏

《洛神》唱片

1923 年
直径 28.5cm
百代唱片公司出品
中国艺术研究院藏

《洛神》戏衣

20 世纪 20 年代
肩袖通长 313cm，衣长 111cm
中国艺术研究院藏

《洛神》是梅兰芳创排的古装新戏之一。该戏以曹植名篇《洛神赋》为蓝本，参考汪南溟的杂剧《洛水悲》创编而成，并依据顾恺之《洛神赋图》中的人物形象设计了剧中洛神的服装与身段，唱腔由梅兰芳和琴师徐兰沅、王少卿共同创编。此戏于 1923 年在开明戏院首演，后来成为梅兰芳常演的剧目之一，并于 1955 年拍摄为彩色电影。

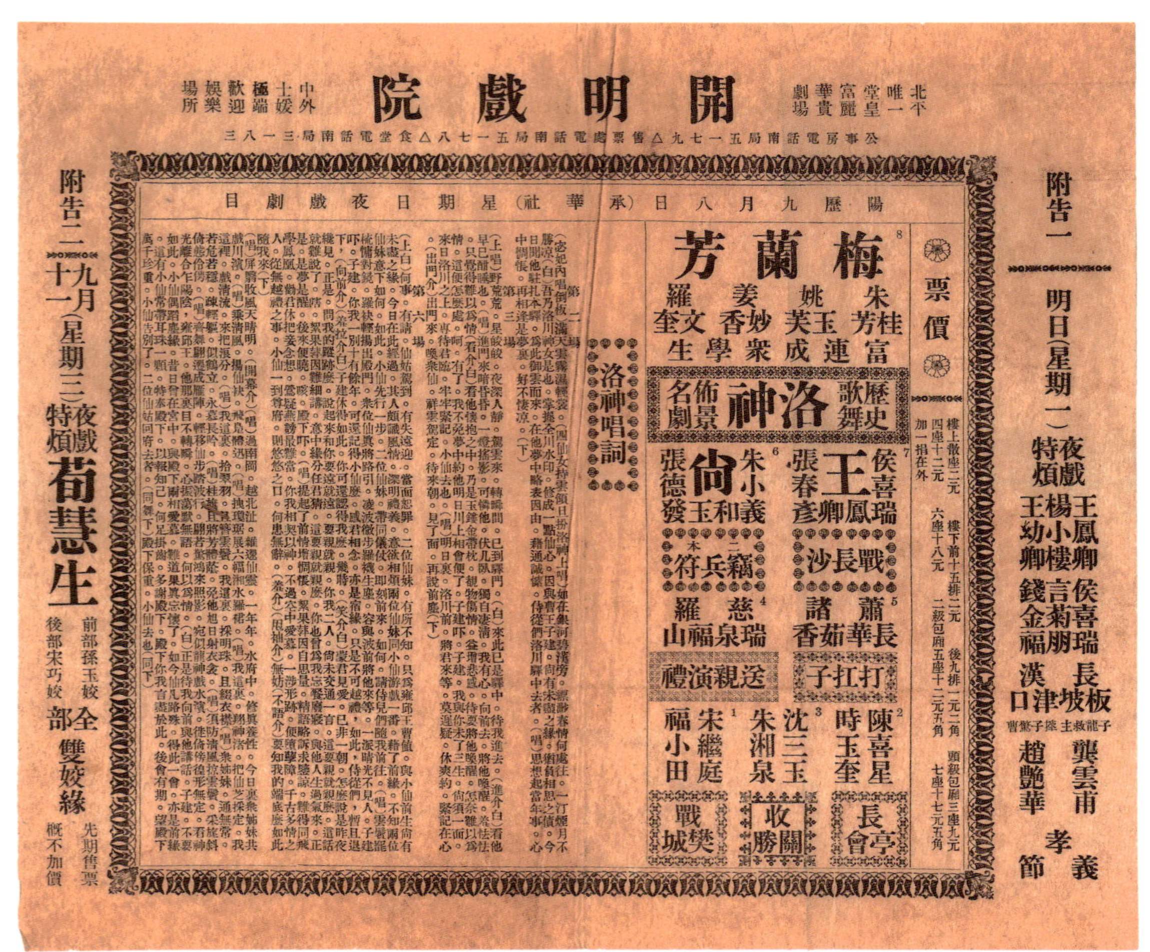

北平唯一堂皇富麗華貴劇場
開明戲院
中外士女極端歡迎娛樂場所

公事房電話南局五一七九△售票處電話南局五一七八△食堂電話南局三一八三

陽歷九月八日（承華社）星期日夜戲劇目

票價
樓上散座二元 四座十二元 加一捐在外
樓下前十五排二元 後九排一元二角 六座十八元 二級包廂五座十二元五角 頭級包廂三座九元 七座十七元五角

8 梅蘭芳 朱桂芳 姚玉芙 姜妙香 羅文奎 富連成衆學生 歷史歌舞 洛神 佈景名劇

7 侯喜瑞 王鳳卿 張春彥 戰長沙

6 朱小義 尚和玉 張德發 二本 竊兵符

5 蕭長華 諸茹香 打扛子

4 慈瑞泉 羅福山 送親演禮

2 陳喜星 時玉奎 長亭會

3 沈三玉 朱湘泉 收關勝

1 宋繼庭 福小田 戰樊城

洛神唱詞

附告一
明日（星期一）夜戲特煩 王鳳卿 楊小樓 王幼卿 侯喜瑞 言菊朋 錢金福 長坂坡 漢津口
子龍救主摔子驚曹
龔雲甫 趙艷華 孝義節

附告二
九月十一（星期三）夜戲特煩 荀慧生 全部雙姣緣 前部孫玉姣 後部宋巧姣
先期售票 概不加價

开明戏院九月八日戏单

1929 年

31.5cm × 26cm

中国艺术研究院藏

《太真外传》唱片

1926 年

直径 25cm

高亭公司出品

中国艺术研究院藏

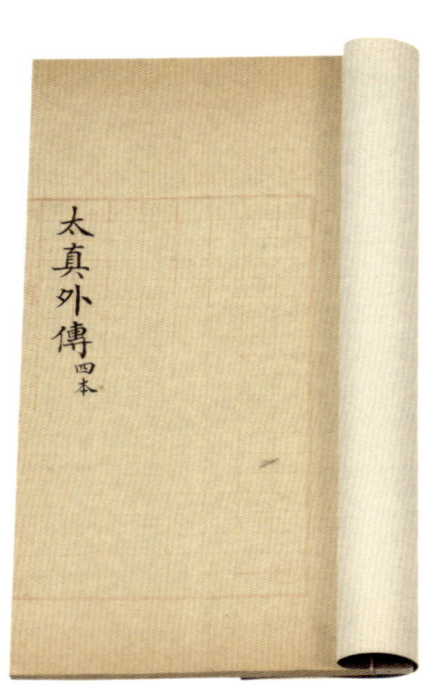

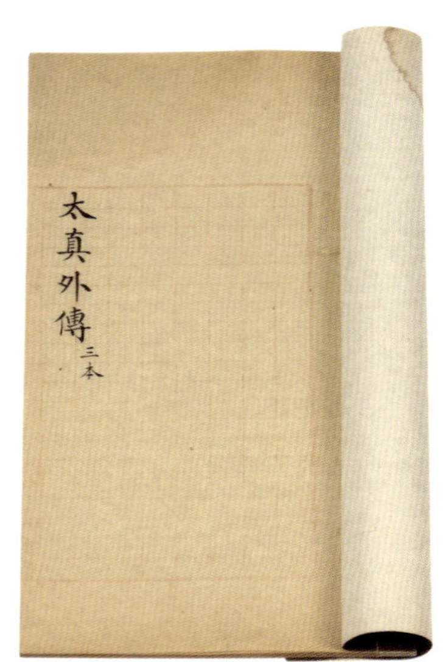

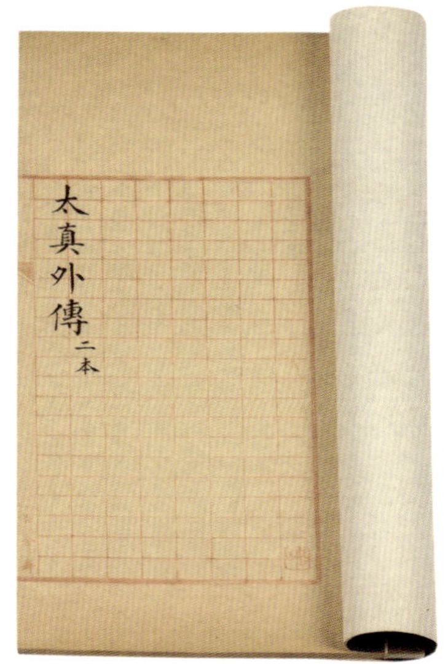

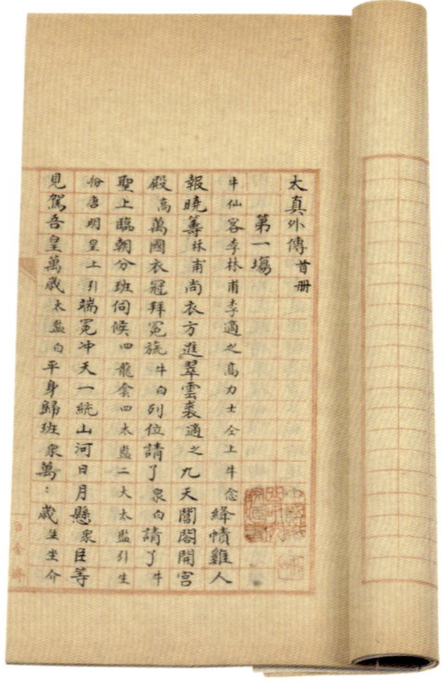

太真外傳首冊

第一場

牛仙客李林甫李適之高力士仝上牛念絳幘雞人

報曉籌林甫尚衣方進翠雲裘適之九天閶闔開宮

殿高萬國衣冠拜冕旒牛白列位請了衆白請了牛

聖上臨朝分班伺候四龍套四太監二大太監引生

扮唐明皇上引端冕沖天一統山河日月懸衆臣等

見駕吾皇萬歲太監白平身歸班衆萬萬歲生坐介

《太真外传》抄本

民国时期

26.3cm × 15.2cm

一函四册

中国艺术研究院藏

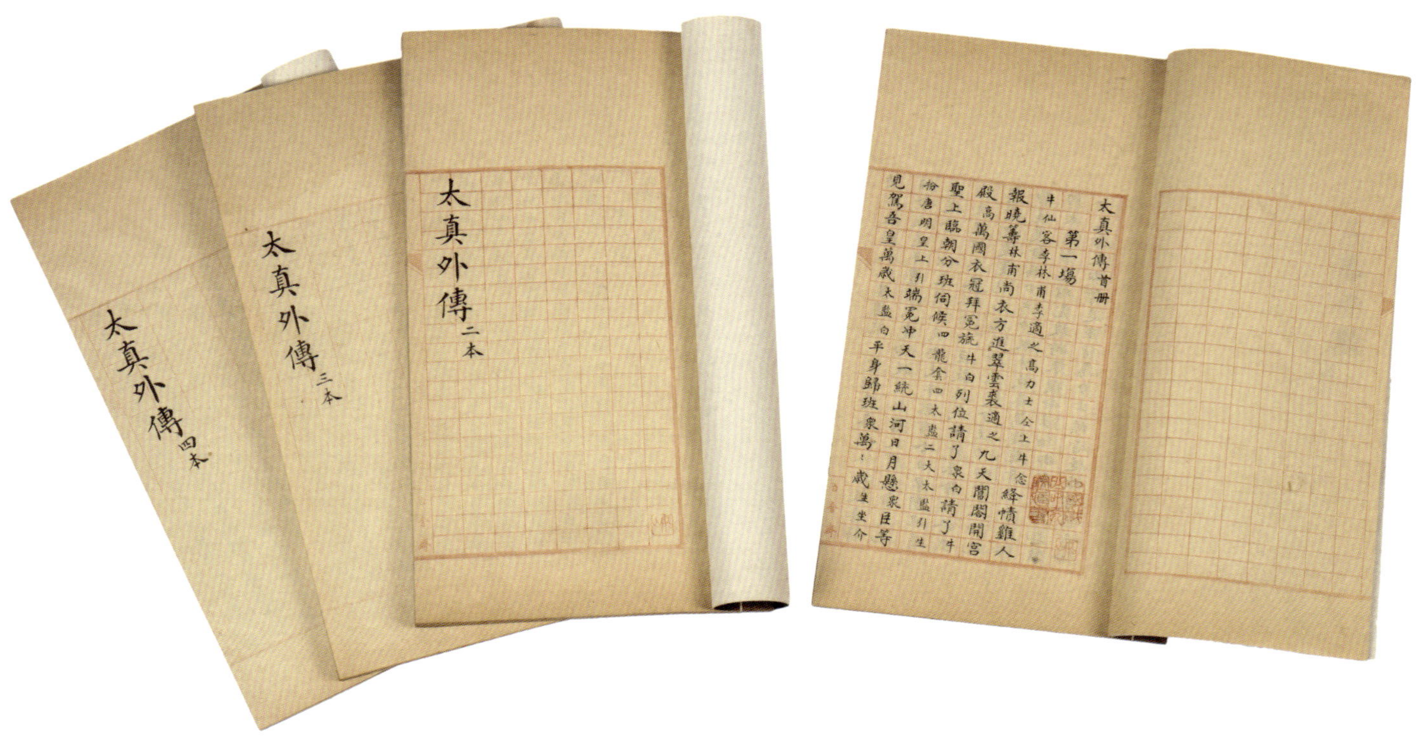
太真外傳四本
太真外傳三本
太真外傳二本
太真外傳首册
第一場

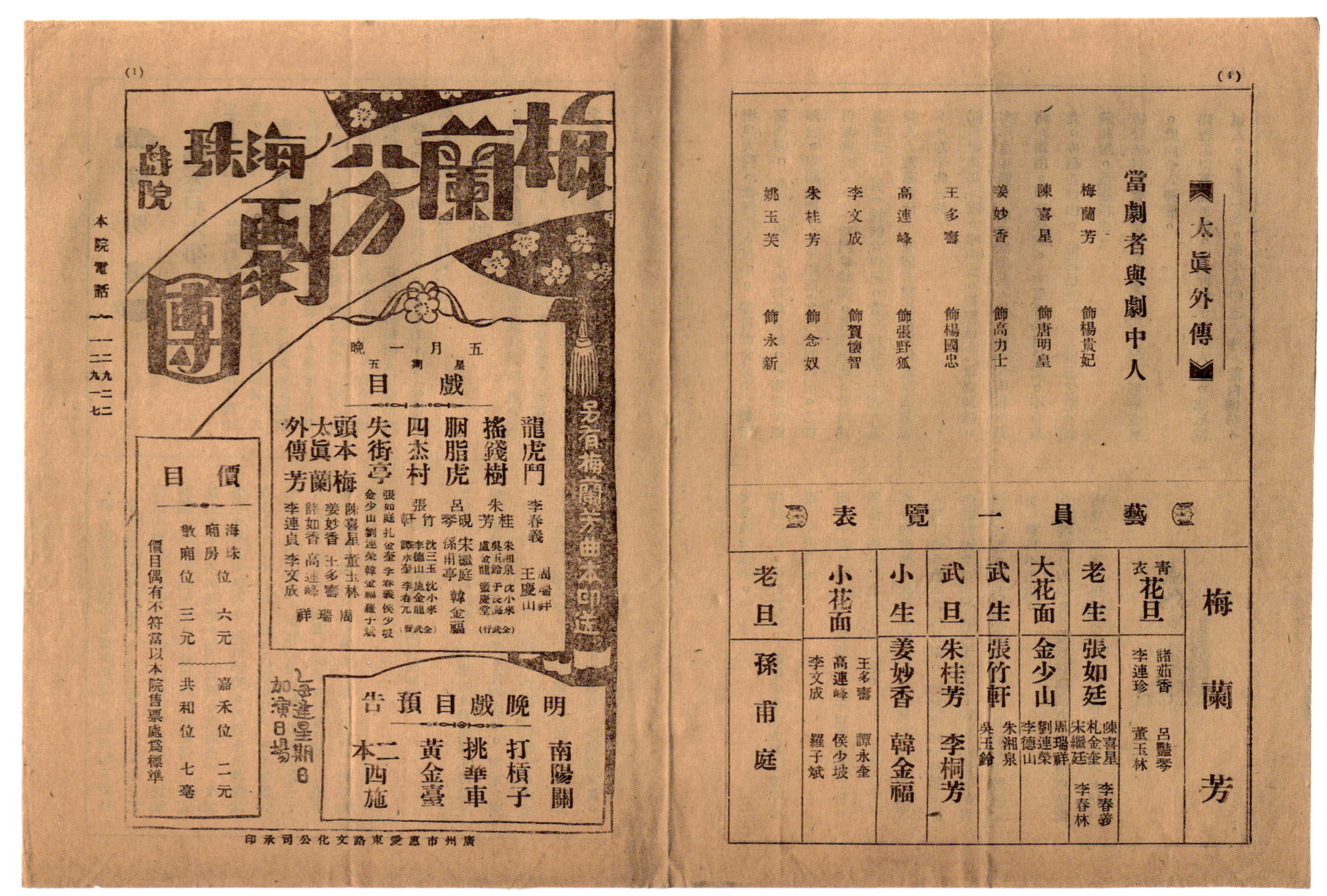

海珠戏院五月一日戏单

1931 年

27cm × 39.7cm

中国艺术研究院藏

說明書

四杰村本事

宏碧緣一劇。近年風行于上海。其故實出于唐小說。緣牡丹一書。即言其事者。四杰村即其中之一段也。有朱某欲害駱宏勳。一日派人將駱擄禁。駱僕余千求救於花展芳鮑賜恩。及義僧省月帮助。共謀于夜間到朱家山寨。將駱救出。議定後。先由余千普天颾鮑金花等混入寨中。省月鮑賜恩花展芳等在外接應。俟余千等將駱宏勳奪出渡河後。即由省月將橋拆去。朱等追至與花鮑等大戰。朱等敗退。駱乃得免于難。

失街亭說明

此乃空城計。前段自孔明點將出師伐魏。魏命司馬懿禦之。司馬懿奉命後。即派兵遣將以街亭一處。乃用兵險要。特遣大將張郃領兵攻取。孔明亦知街亭關係重大。勢在必爭。而苦無適當能員。前去抵禦。在帳中集諸將共議。諸將均不敢往。參軍馬謖獨進帳請令。自告奮勇。孔明雖嘉其謀勇。而慮其非張郃之敵。乃命王平爲副。魏延別領一軍。臨機策應。并詳告以用兵紮營。務宜依山近水。不可疏忽。馬謖具軍令狀而去。及到街亭。與王平登高。觀看形勢。乃竟主張將營紮在山上。王平苦諫不聽。反被申斥。王平知魏兵來圍。山上無水。則軍心將自亂。乃請別領三千人。紮于山下。一面畫取詳圖。飛呈孔明。張郃兵至。果然圍山。軍士無水。軍心大亂。街亭竟爲魏兵奪去。

頭本 太眞（即楊貴妃故事）

唐明皇自平韋后之亂。擢用張九齡姚崇宋璟爲宰相。勵精圖治。天下太平。民物康阜。開元天寶之治。後人且比之于貞觀。乃自武淑妃死。梅妃又病，明皇悶悶不樂。高力士欲請明皇到太眞宮降香。禮拜既畢。小憩于卍字欄前。恰遇楊太眞。

明皇大悅。欲選之入宮中。翌日即命高力士領鑾駕往迎。進宮之後。立即封爲貴妃。并賜以金釵鈿盒。以結恩寵。其兄楊國忠。亦封國舅。二姊俱封國夫人。一時門第赫奕。恩寵無比。當時謠詠有云。男不封侯女作妃。看女却爲門上楣。其爲人心羨慕如此。又賜貴妃沐浴華清池。太眞頭本。即于此告終。

楊貴妃出場一段。唱西皮。新腔極多。最爲動聽。與明皇相遇。明皇欲選其入宮。而不肯明言。乃藉花爲由。用語挑動。太眞亦高自位置。不肯驟允。亦藉花爲由。曲達己意。二人問答之間。針鋒相對。逸趣橫生。

張野狐賀懷智談論明皇寵愛貴妃情形。形容盡致。處處令人捧腹。

楊國忠以落魄無賴。一聞妹子被選入宮。遂氣燄逼人。不可一世。極小人得志之態。說白情形。大能譏刺薄俗。

賜盒一場。情致纏綿。眞能將明皇太眞。當年心事。曲曲傳出。

賜浴一場。畹華能特創新聲。于崑曲皮黃之外。獨標一格。顧曲家不可不聽。

明皇窺浴時。與永新念奴二宮娥對答。極爲趣致。太眞且浴且歌。且作且舞。腔調則宛而清揚。體態則婀娜生姿。令觀者于戲完之後。不惟有餘音繞梁之感。而其遊龍驚鴻之態。且盤旋于神思之間。數日不去也。

此劇畹華自飾太眞。姜妙香飾高力士。陳喜星飾明皇。高連峰飾楊國忠。配搭稱合。殊不易得。

《太真外传》剧装照 1

1926 年

梅兰芳饰杨玉环

《太真外传》剧装照 2

梅兰芳饰杨玉环

《太真外传》剧装照 3

梅兰芳饰杨玉环

《太真外传》戏衣

20 世纪 20—30 年代
肩袖通长 300cm， 衣长 140cm
此戏衣为《太真外传》中使用的“舞盘衣”
中国艺术研究院藏

《太真外传》是梅兰芳创排的古装新戏之一，由齐如山、李释戡等编写。全剧共分四本，1925 年上演头、二本， 1926 年上演三、四本。该戏皇皇巨制，机关布景流光溢彩，创制新腔曲尽其妙。该戏主要演员有梅兰芳（饰杨玉环）、王凤卿（饰唐明皇）、姜妙香（饰高力士）、姚玉芙（饰念奴）、萧长华（饰杨国忠）、侯喜瑞（饰安禄山），演出阵容强大，珠联璧合，极一时之盛。

文化使者

“文化使者”篇章由“访日”“访美”“访苏”三个部分组成，以此展现梅兰芳将京剧艺术传播于世界的杰出贡献。

20 世纪上半叶，梅兰芳访日、访美、访苏的演出实践掀起了戏曲对外传播和交流的高潮，引起世界戏剧界、文艺界对中国戏曲、中国传统艺术的广泛评论和多元认知，而梅兰芳也从交流与反馈中，不断认识戏曲艺术传统的价值和重要性。中华人民共和国成立以后，梅兰芳作为文化使者，赴朝鲜、日本等国演出，在多次国际交流中展示戏曲所承载的国家形象和国家声音。梅兰芳的中外文化交流既传播了中国京剧的艺术风采，也弘扬了戏曲传统的文化精神。他一生用戏曲之美面对世界的审视和观照，更用舞台艺术的创造展示了戏曲人的文化价值和艺术智慧。梅兰芳建立起中国戏曲与世界戏剧交流与对话的格局，用坚定的文化自信和理性的文化自觉，知行合一，成为将中华优秀传统文化推广到世界的文化先行者。

访日

《品梅记》（日文版）

1919 年

20cm × 13.3cm

梅兰芳纪念馆藏

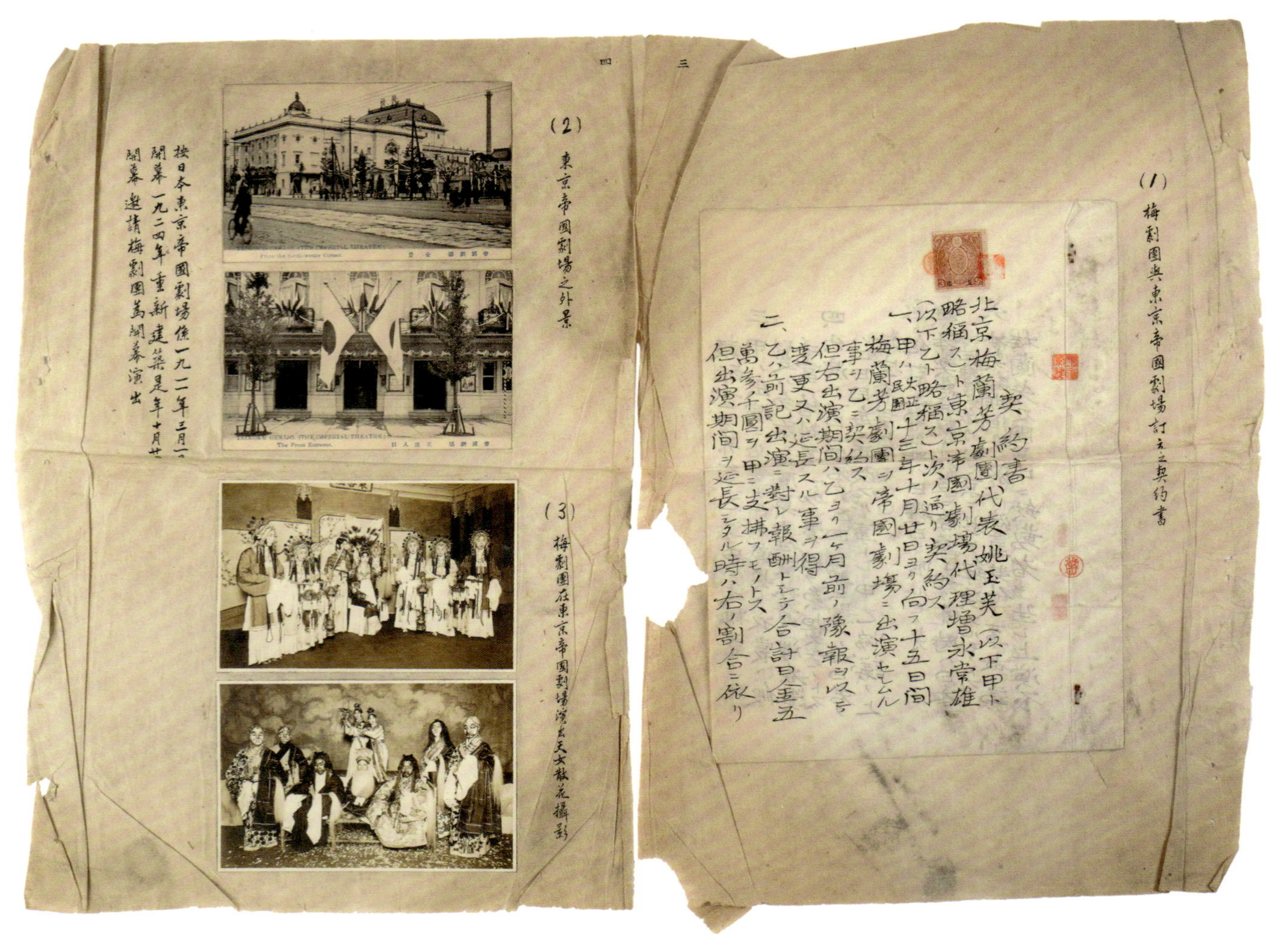

梅兰芳访日演出所订契约书及演出照片册

1924 年

60cm × 44cm

中国艺术研究院藏

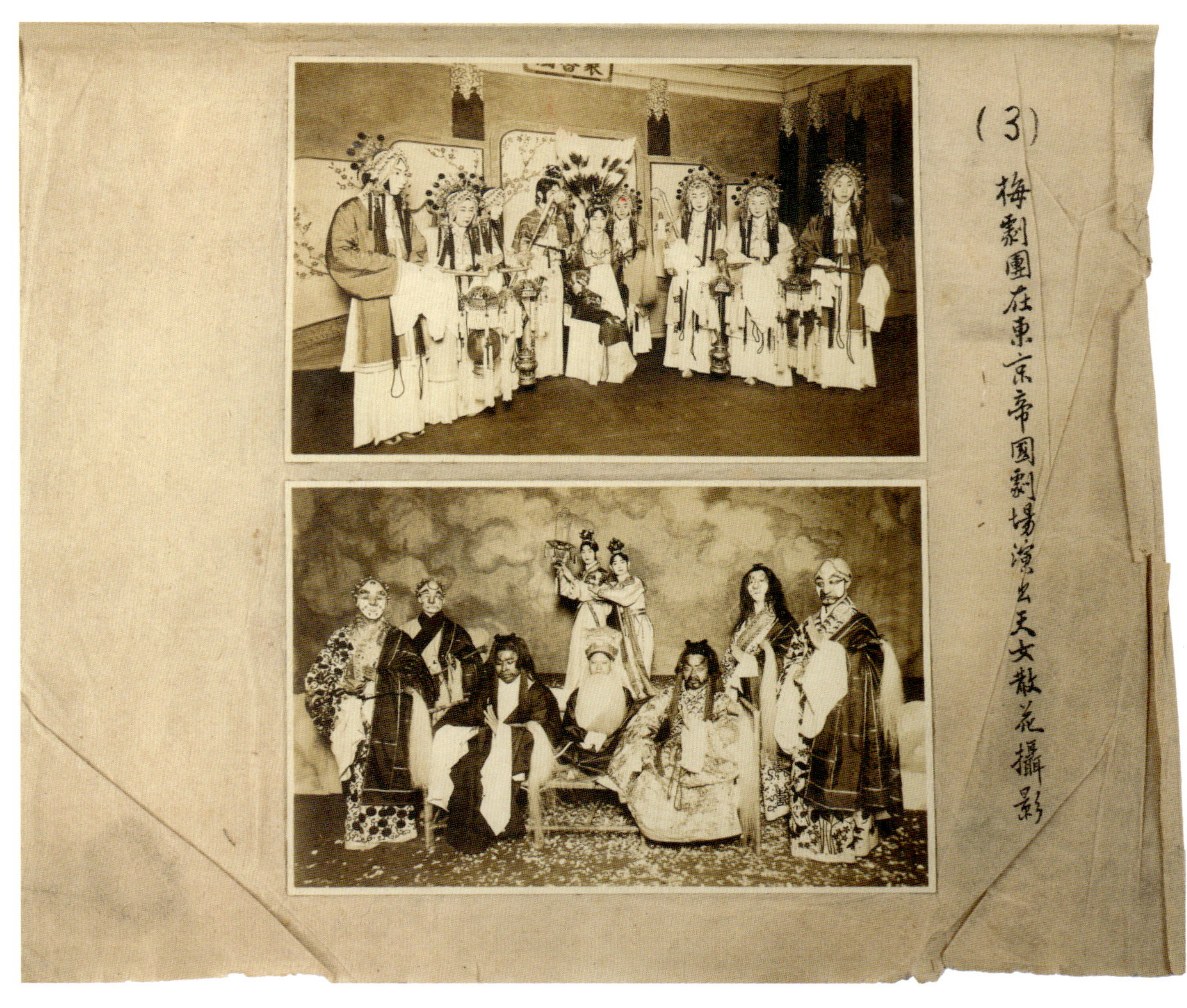
(3)
梅劇團在東京帝國劇場演出天女散花攝影

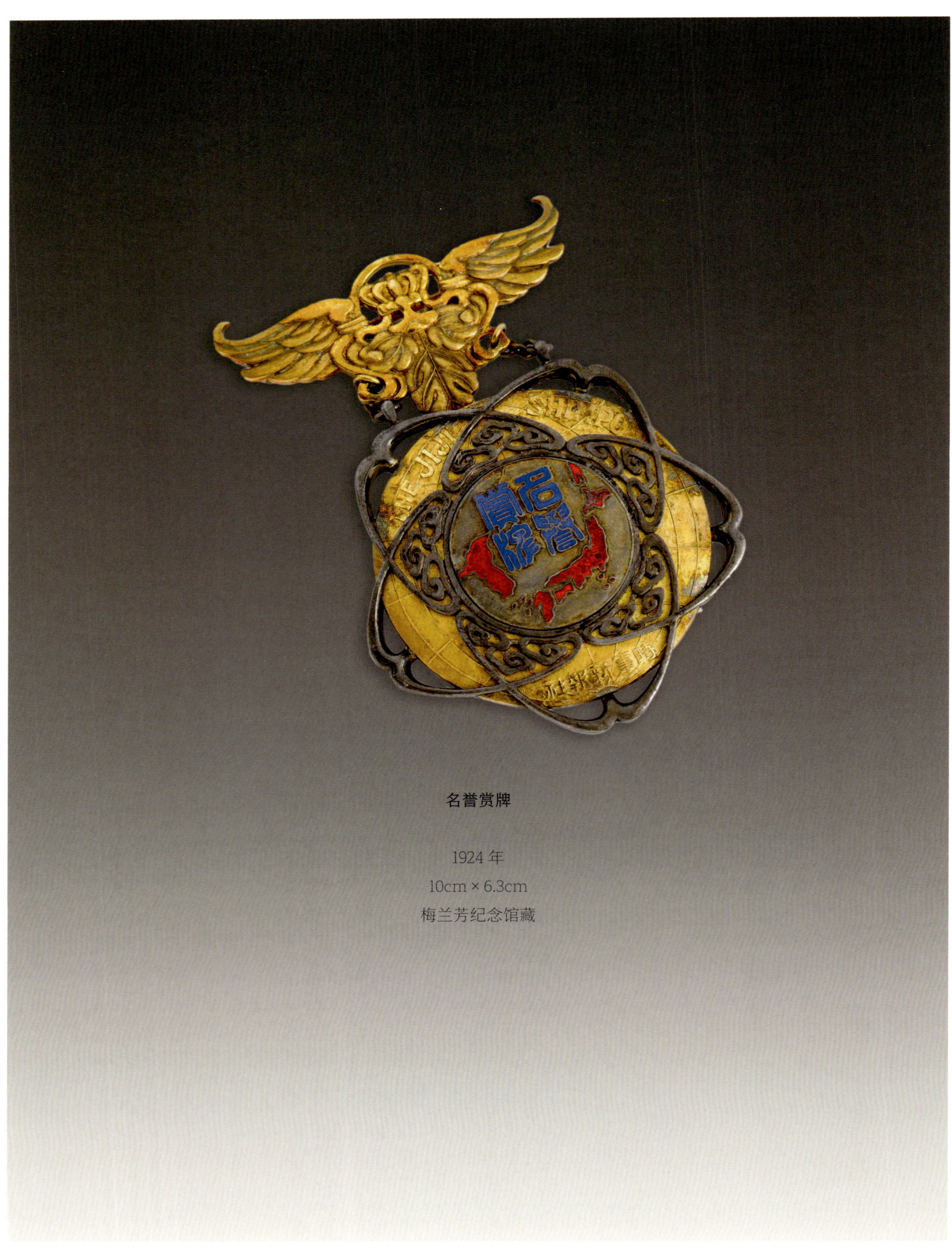

名誉赏牌

1924 年
10cm × 6.3cm
梅兰芳纪念馆藏

梅兰芳与卓别林合影

1930 年

卓别林和马连良合影（附马连良题记）

1936 年

37cm × 30cm

中国艺术研究院藏

卓别林偕其女友高黛访华，由梅兰芳引荐，观看马连良演出后三人合影留念。

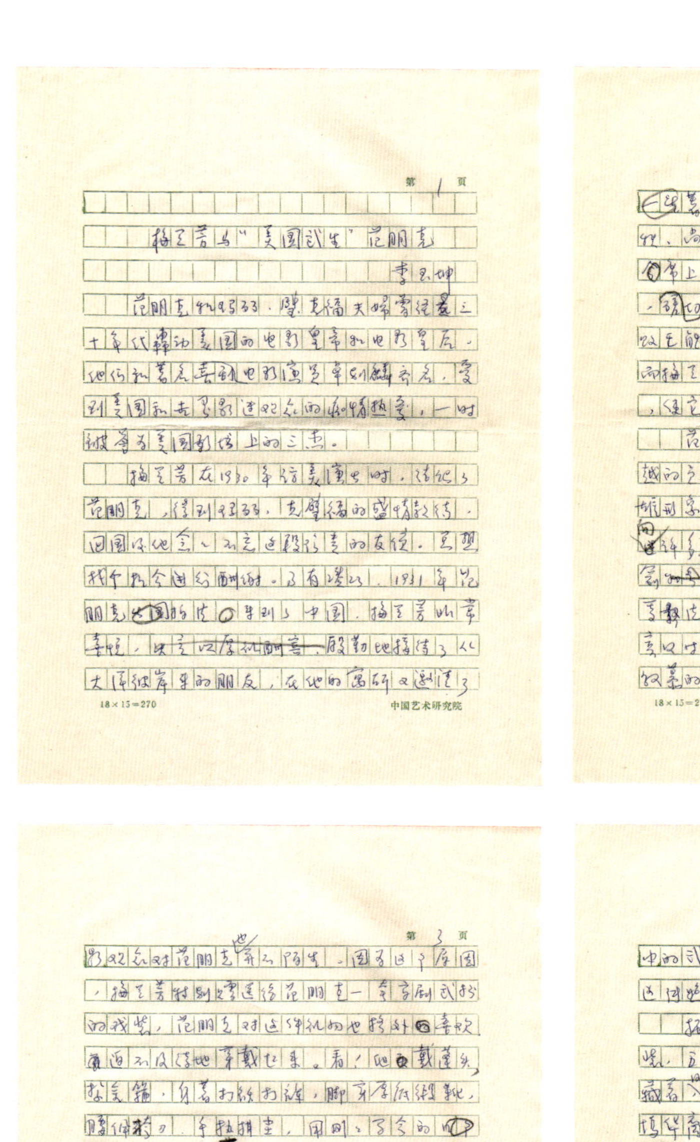

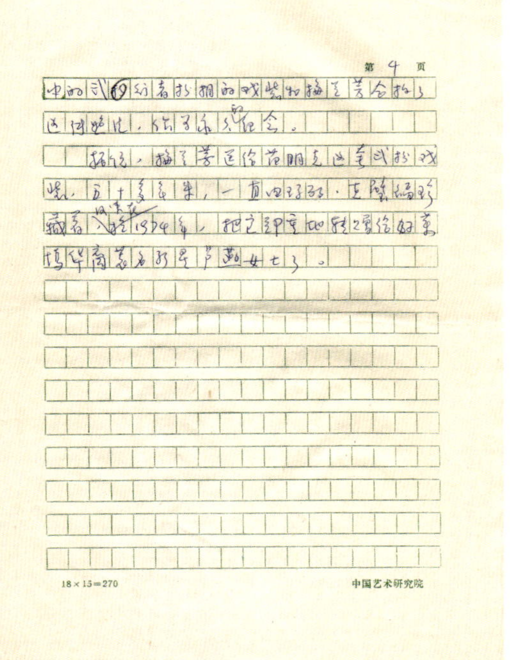

《梅兰芳与"美国武生"范朋克》手稿

年代不详

26.4cm × 18.8cm

李玉坤作，共四页

中国艺术研究院藏

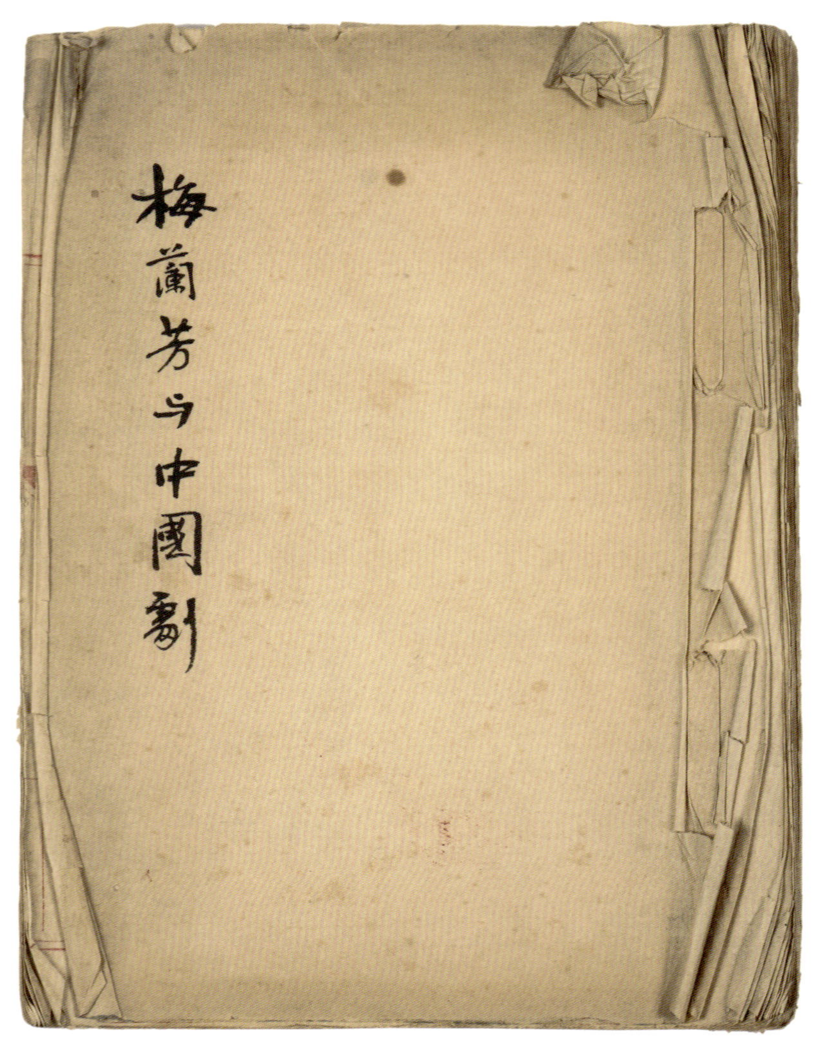

《梅兰芳与中国剧》

20 世纪 20 年代

尺寸不一

一套两册

中国艺术研究院藏

平表

洋文中列為第三章

第二章中國劇之組織

第一節唱白

中國劇之說白歌唱之情理大致與各國皆同惟脚色上場時須有引子或詩或對聯將官則用點絳唇亦與引子之情形相同下場時或念兩句對或念四句詩或歌唱此係中國劇特別之構造至說白之念法亦稍有腔調與台下說話亦大不同但各國劇之說白亦與台下有別彼此相去尚不遠唱歌則各國有各國之音節實有不能同者中國劇脚色舉動都有音樂隨之西洋則無此乃大異之特點耳茲分別畧論如下（音樂另論）

引子

脚色上場最初開口者為引子引子即引起來的意思念時亦有工尺惟只乾念不用樂隨且不打板按引子之來源係因中

36 TIME February 17, 1930

THE THEATRE

Greatest Tan

"The Grand Abbot of Ching-Chung Monastery," indeed the "Foremost of the Pear Orchard," disembarked from an ocean steamship in Seattle last week. He was a small, girlish-looking Chinese gentleman. In his curiously carven and vivid luggage were layers of sumptuous fabrics, great coils and shining lumps of jewelry. Twenty Chinamen accompanied "The Grand Abbot of Ching-Chung Monastery," certain of them bearing strangely shaped cases containing musical instruments.

The "Foremost of the Pear Orchard" was Mei Lan-fang of Peiping. Despite his titles, he was neither a monk nor a fruit-grower. Numerous Chinamen and Seattle dignitaries who met him at the boat welcomed him as China's greatest actor, come to introduce his art to the U. S. Mei Lan-fang and his company begin a U. S. tour in Manhattan Feb. 17.

Keystone

MEI LAN-FANG

He makes $750,000 a year.

As his steamship crossed the Pacific, Mei Lan-fang's tender, childlike visage belied the mature perplexities that crowded his small head. The difficulties in presenting Chinese drama to an Occidental public are considerable. For Chinese drama is not Classic or Romantic, realistic or idealistic, sentimental or satiric—it does not fit in any of the categories which Occidental critics have devised to describe Occidental literature. Chinese drama is a formalized, ancient ritual, a subtle play of gesture, expression and intonation in which each turn of the eyeball, each crook of the finger, has definite significance. A Chinese actor succeeds to the extent that he masters this vast, intricate bodily symbolism, the medium of an art far older than Shakespeare's. Mei Lan-fang knew, as he thought it over, that U. S. audiences would only comprehend the simplest elements of his plays as described in an English synopsis, that beyond that he must depend for success on the chance that he could kindle in his discerners some intuitive appreciation of what to them would be new, wholly foreign beauties. Socially he was well sponsored, by the China Institute in America, more particularly by Mrs. Woodrow Wilson, Charles R. Crane, John Dewey, Otto Hermann Kahn. Esthetically he represented a tradition which countless Emperors had applauded. But he had his worries.

Mei Lan-fang is 32. At the age of seven he had mastered Chinese music, studying with his uncle Yu-ti'en, famed musician and virtuoso on the stringed *hu-k'in*. When he was twelve, Mei Lan-fang, grandson of a great actor of the '50s, made his own debut as a *tan* (female impersonator). The impersonation of women is perhaps the greatest branch of Chinese acting, for women are not permitted on the stage.* Mei Lan-fang plays women's rôles entirely. He is president of Peiping's Actors' Association and his superiority in his calling is unquestioned.

Gentility and cultivation have made him a social favorite and an incessant host to visiting notables. His name appears on Chinese merchandise as suggestive of quality. He paints, gardens, studies biology, boxes in the Chinese fashion, likes to tinker with machinery. He has written some 15% of the 400 plays in his repertoire, and his collection of books on Chinese drama, art and music is noteworthy. Among those who have admired his acting are Fritz Kreisler, Somerset Maugham, the Crown Prince and Princess of Sweden, Bertrand Russell. Tumultuously has he been received in Japan.

In 1923 he was summoned to appear before onetime Emperor Hsuan T'ung in the Yang Hsin Palace of the Forbidden City. There he was presented with delicate, imperial porcelains and dubbed "Grand Abbot of Ching-Chung Monastery," traditional title bestowed by the Manchu Emperors on their favorite actors. He was also allowed to retain the title "Foremost of the Pear Orchard" which is derived from the fact that during the T'ang Dynasty court actors called themselves "Disciples of the Pear Orchard" because they performed in a palace bordered with pear trees. Few would deny any title, however lofty, to a man who, in addition to being supreme in his art, can command a salary big enough to make even the most high-priced cinema blonde envious. Mei Lan-fang's annual earnings are reputedly equivalent to $750,000.

*Emperor Pro Chi'en Lung forbade women to act in China 150 years ago, after his son had eloped with an actress.

New Plays in Manhattan

Many A Slip. One of the most effective wiles employed by theatrical ladies is the bogus pregnancy. The ingenue of *It's A Wise Child* (TIME, Aug. 19) uses it to rid herself of a repulsive fiancé. The heroine of *Many A Slip* adopts it, upon the advice of her mother, to provoke just the opposite effect—a proposal of marriage from a cynical and recalcitrant swain. Once she gets him, she learns that babies do not always come with husbands and is highly embarrassed by the arrival of toy trains, mechanical bunnies, other anticipatory gew-gaws. And when her husband learns the truth he makes it very clear that he objects to such fetal fooling. But, child or no child, she manages to keep him.

The play is properly farcical, although Playwrights Edith Fitzgerald and Robert Riskin have occasionally blundered into trying to make it something more. Its progress is rendered exceedingly pleasant by Sylvia Sidney, who has long lashes and

Keystone

MEI LAN-FANG AS A TAN

His predecessors played among the pear trees.

《时代周刊》剪报

1930 年

29.3cm × 21.6cm

梅兰芳纪念馆藏

LIKE A PIECE OF PORCELAIN

Mei Lan Fang, China's "leading lady," is not a lady at all but a man posing as one. Until recently men have monopolized the female roles and Mr. Mei's grandfathers for six generations have all been "ladies" on the stage. —A. P.

New Orleans, La. Picayune Feb. 23-1930.

DRAMAS OF THE ORIENT

JAPANESE AND CHINESE STARS BOTH ON BROADWAY.

The Plays of Tokujiro Tsutsui Are Modern, While Those of Mei Lan-fang Recall Ancient Life of China.

BY BURNS MANTLE.

New York—Last week Tokujiro Tsutsui of Kyoto and his company of Japanese players began an engagement on Broadway not more than a few blocks away from Mei Lan-fang and his Chinese [illegible] we being educated most thoroughly not only in authentic oriental drama but in the basic differences existing between the two schools.

Also we are being forced, in a way, to take sides. Which represents the better art, if any? And which offers the better entertainment?

Society, as such, apparently has decided to favor Mr. Mei. At least, Mr. Mei is drawing our more prominent persons in crowds. But he had a fortnight's headstart.

REVIEWERS FAVOR MR. MEI.

Our more outspoken rhapsodists of the press also favor the Chinese star with their stronger superlatives of praise. His performances are so delicate, so charming, so completely in the old, old Chinese tradition; his costumes are so brilliant, and his grace, as a mincing lady of the distant dynasties, is so compelling that he has made many friends.

Kansas City, Mo. Star Mar. 16-1930.

ABOUT NEW YORK

An old actor who played in "The Yellow Jacket" for about 20 years saw Mei Lan-Fang, the current Chinese sensation on Broadway and burned.

"What's the matter?" a friend asked.

"All my life I've played a Chinaman," the actor moaned, "and never yet to a full house."

Long Branch-N. J. Record-March 26-1930.

Jap Play Rivals Chinese in New York

By Burns Mantle

New York Dramatic Critic of The Cleveland Sunday News.

NEW YORK, March 15.—Last week Mr. Tokujiro Tsutsui of Kyoto and his company of Japanese players began an engagement on Broadway not more than a few blocks away from Mr. Mei Lan-Fang and his Chinese players. Thus we are being educated most thoroughly not only in authentic oriental drama but in the basic differences existing between the two schools.

Also we are being forced, in a way, to take sides. Which represents the better art, if any? And which offers the better entertainment?

Society, as such, has apparently decided to favor Mr. Mei of China. At least, Mr. Mei, having the advantage of the strongest social backing, is drawing our more prominent people in crowds. But he also had the advantage of a fortnight's head start, and it is possible Mr. Tsutsui will later catch up with him.

(Mr. Mei's name, incidentally, is pronounced as if spelled "May." Mr. Tsutsui's sounds a little like "Su-Suey.")

Our more outspoken rhapsodists of the press also favor the Chinese star with their stronger superlatives of praise. His performances are so delicate, so charming, so completely in the old, old Chinese tradition; his costumes are so brilliant and his grace, as a mincing lady of the distant dynasties, is so compelling that he has made many friends.

Naturally there is frequently a sharp division of opinion. The common people, I would say, are not so strong for Chinese stage art as their social superiors.

One night last week I dropped into conversation with an attache

of the 49th Street theater, in which Mr. Mei was then playing (he has since moved to the National, where there are more seats).

"It beats me," this chap admitted. "We've been sold out for practically every performance. Swell people, too. And after each act they come out in the lobby and rave, 'I think him charming, really!' 'Oh, I think he's sweet!' 'I think he's adorable!' 'Isn't he lovely?'

"And you?" I queried.

"I think they're nuts," said he. And he may be right.

Cleveland, O. News March 16-1930.

《梅兰芳游美评论集》剪报

20 世纪 30 年代

40cm × 28cm

梅兰芳纪念馆藏

《梅兰芳访美评论集》（英文版）

20 世纪 30 年代
19cm × 13cm
斯达克 · 杨（Stark Young）编著，一套两册
中国艺术研究院藏

but also quite intelligently appreciative. We are especially gratified to include the articles written by the learned and distinguished critic, Stark Young. He was so kind and courteous as to remember the occasion even two years after Mr. Mei's visit.

P. C. CHANG

Tientsin
January, 1935

Fei Chen-o and the "Tiger" General

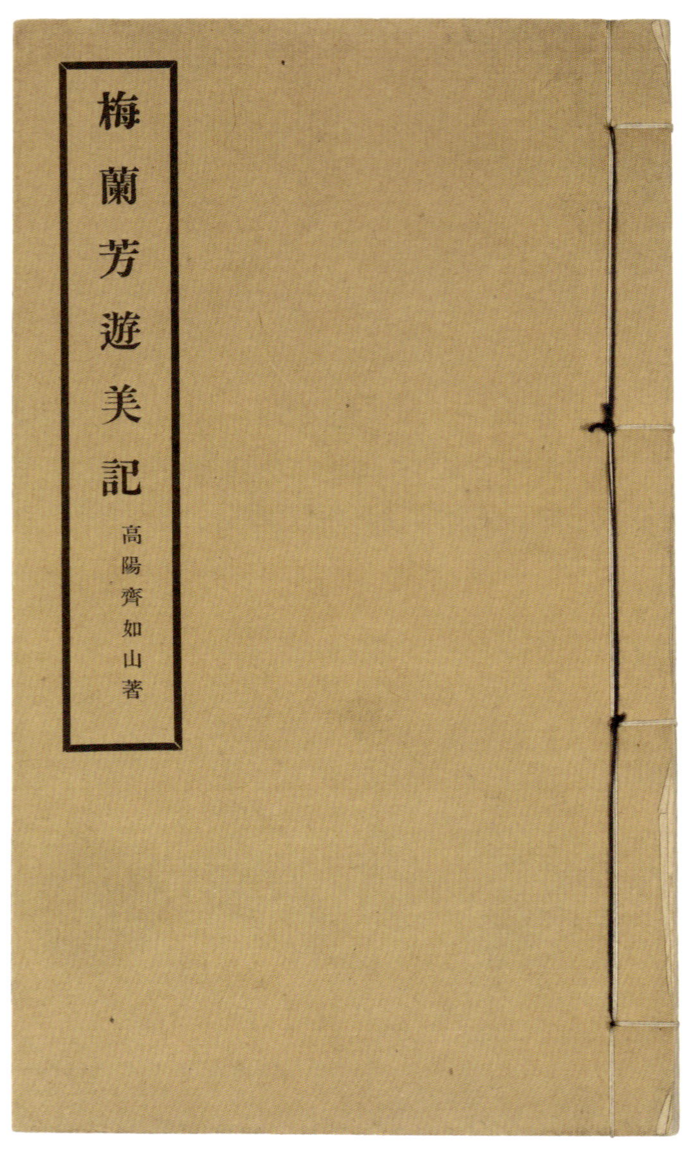

《梅兰芳游美记》

1933 年
25.8cm × 14.8cm
齐如山口述、李斐叔记
中国艺术研究院藏

《梅兰芳游美记》记录了梅兰芳在美国演出和访问的情况。

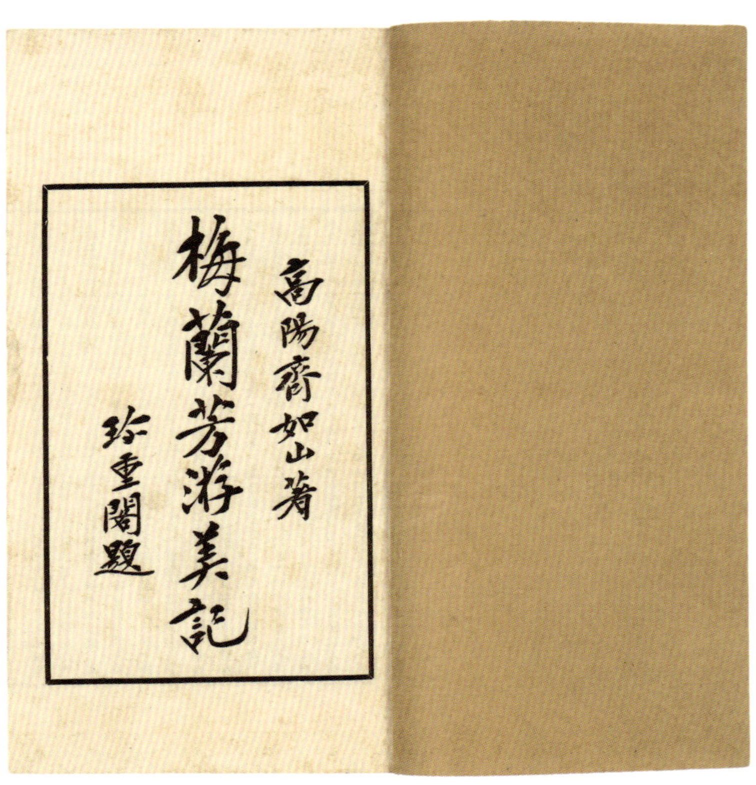

高陽齊如山著

梅蘭芳游美記

珍重閣題

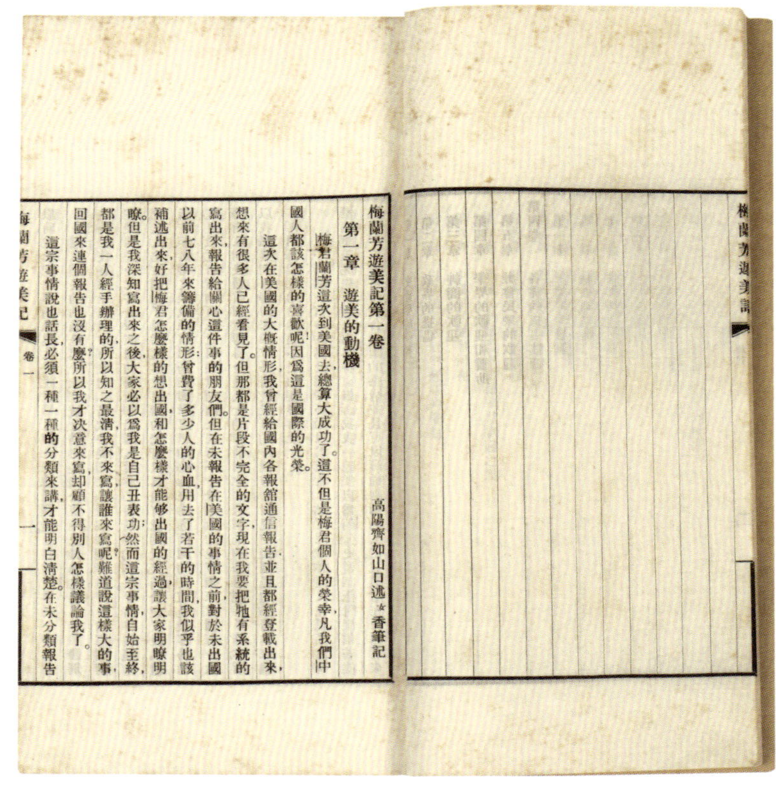

梅蘭芳遊美記第一卷

高陽齊如山口述 女 香筆記

第一章　遊美的動機

梅君蘭芳這次到美國去，總算大成功了。這不但是梅君個人的榮幸，凡我們中國人都該怎樣的喜歡呢！因爲這是國際的光榮。

這次在美國的大概情形，我曾經給國內各報館通信報告，並且都經登載出來，想來有很多人已經看見了。但那都是片段不完全的文字，現在我要把牠有系統的寫出來，報告給關心這件事的朋友們。但在未報告在美國的事情之前，對於未出國以前七八年來籌備的情形：曾費了多少人的心血，用去了若干的時間，我似乎也該補述出來，好把梅君怎麼樣的想出國，和怎麼樣才能够出國的經過，讓大家明瞭明瞭。但是我深知寫出來之後，大家必以爲我是自己丑表功；然而這宗事情，自始至終，都是我一人經手辦理的，所以知之最清，我不來寫，讓誰來寫呢？難道說這樣大的事，回國來連個報告也沒有麼？所以我才決意來寫，却顧不得別人怎樣議論我了。

這宗事情說也話長，必須一種一種的分類來講，才能明白清楚。在未分類報告

梅蘭芳遊美記　卷一　一

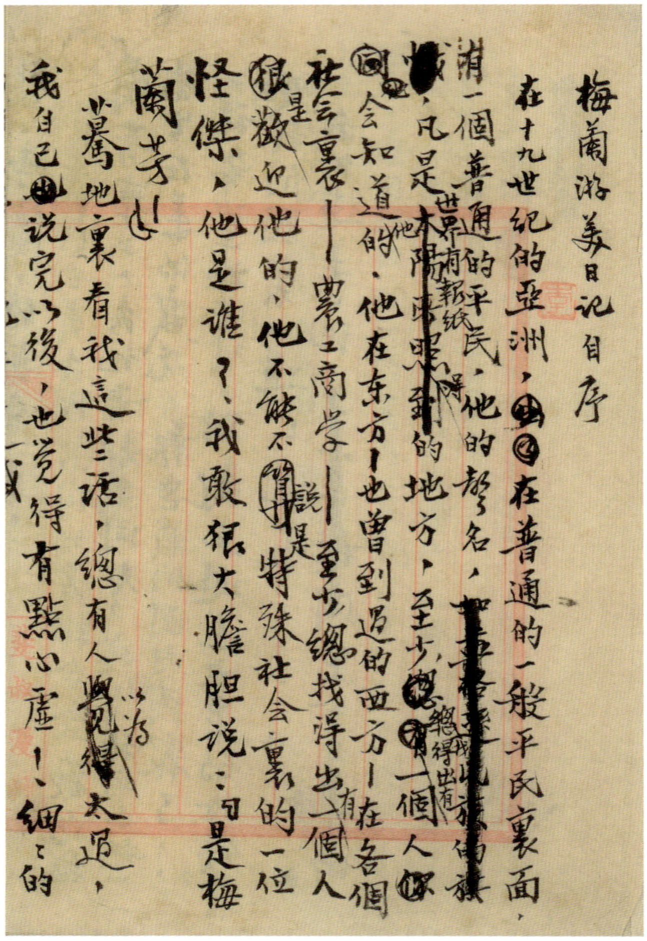

《梅兰芳游美日记》手稿

1930 年

尺寸不一

一套三册

梅兰芳纪念馆藏

《梅兰芳歌曲谱》

1930 年
29.2cm × 21.2cm
刘天华记谱，中英文各一册
中国艺术研究院藏

该歌曲谱选录梅兰芳 18 出“京昆”戏中的唱腔，用工尺谱和五线谱对照记谱。

編者序

梅君畹華齊君如山等，將往北美，介紹國劇於彼邦人士，囑編斯譜。數月以來，余與梅君均為職務所羈，未克充分討論，匆匆成此十六曲，自恐訛誤尚多，行期既迫，祇得貿然付印。

此譜之成，余因受梅齊二君之囑，然亦頗有欲見，可發表於此。

國劇重唱，故諺有「聽戲」之說。唱，樂也。然不獨唱之為樂，即一舉手一投足，亦有樂隨之。甚至各色道白，亦均含樂意，故謂國劇之基礎，建築於音樂之上亦無不可。余於劇學為外行，今姑談樂。

樂之有譜，猶語言之有文字。道義學術之得以流傳久遠者，文字之功也。我國音樂，肇自犧農，盛於有周，溢於唐宋，淵源不可謂不遠。然犧農之樂固不可得而聞，即唐宋之樂，亦已渺無稽考。何者，記譜之法不完備也。我國古樂未嘗無譜。然如唐之[illegible]，朱子儀禮經傳之十二詩譜，姜白石之

《〈梅兰芳歌曲谱〉编者序》手稿

1930 年

20.5cm × 33cm

刘天华撰，共三页

中国艺术研究院藏

詞譜等，或僅備律呂，或只載簡字，譜不足以賅樂，徒費考古家之周章，於事實無補。近代所出琴譜崑曲譜等，記載雖已較詳，而缺點尚多，欲藉以流傳久遠，勢所不能。蓋樂有高低輕重抑揚疾徐之分，必其譜能分析微茫，絲絲入扣，方爲完備，而舊譜均不能也。

今國樂已將垂絕，國劇亦瀕於危境，雖原因不一，而無完備之譜，實爲其致命傷。設記譜之法早備於往日，則唐虞之樂，今猶可得而聞，廣陵散又何至絕響。以皮黃言，今日習鬚生者，不曰宗譚，便曰宗汪。然而絕似譚汪者，百不獲一。即偶有之，同道中亦不以譚汪相許。何哉，無譜以爲之佐證也。設譚汪生時，盡其所能譜而出之，何至今日遙拜門牆者之扣盤捫燭而不得要領耶。

且人盡一生之力研究一種藝術，能有創造者，實未可必。設其有之，而今所創造者及身而絕，寧不可悲。昔程長庚、余三勝、張二奎等，一生創作甚多，年月悠渺，遂至悉與其人之白骨同朽。此藝術界莫大之損失也。

習樂之法有三，曰耳聽，曰目視，曰言傳。三者雖相輔而行，不可缺一。然難記易忘爲耳聽之弊，模棱失真爲言傳之弊，惟目視最爲真切。故歐西作曲家，呻唔斗室，一紙譜成，各國樂壇，便可賞其妙響。我國樂劇二界，尚有行其耳聽口授之盲教育者，欲談進步，不亦難哉。

是以今日我國劇樂二界，欲進步必自有完備之樂譜始。而養成演員、樂師讀譜記譜之能力，亦爲要圖。當知今後學術界，必須事事科學化，事事精密確鑿，方能有立足地，若云戲是亂彈，亂彈便了，則劇樂二界之前途必暗淡到底也。

以余淺陋成此小冊，所用記譜方法，當然不足稱爲完備。就正當世，實是本衷。木桃既投，尚望方家不吝瓊瑤之賜。

劉天華

一九三〇年一月一日北平

Curatores
Collegii Pomonensis
OMNIBUS HAS LITERAS PERLECTURIS
Salutem in Domino
Notum sit quod Mei Lan-Fang pro meritis
titulo, gradu que Doctoris in Litteris adornare nobis placuit;
eique concessimus honores, dignitates, jura et privilegia omnia, quae ubique gentium ad
gradum pertinent; cujus sint testimonio collegii sigillum publicum atque nomina praesis,
scribaeque literis hisce apposita, Claremonti, Californiae, die Mai XXVIII annoque
Salutis Humanae MCMXXX Reipublicae Americanae CLIV

Charles K. Edmunds
Praeses Collegii

Praeses

Ernest E. Jones
Scriba

波莫纳学院授予梅兰芳的荣誉博士证书

1930 年

14.9cm × 20cm

梅兰芳纪念馆藏

University of Southern California

To all to whom these Letters shall come Greeting

The Trustees of the University on the recommendation of the President and by virtue of the Authority in Them vested have conferred on

Mei Lan-Fang

In recognition of distinguished achievement in the drama the degree of

Doctor of Humane Letters

with all the Rights Privileges and Honors thereunto appertaining

Given at Los Angeles in the State of California on the seventh day of June in the Year of our Lord One Thousand Nine Hundred and Thirty

President of the University

Secretary of the Board of Trustees

THE T. V. ALLEN CO. LOS ANGELES

南加利福尼亚大学授予梅兰芳的荣誉博士证书

1930 年

32.8cm × 42cm

梅兰芳纪念馆藏

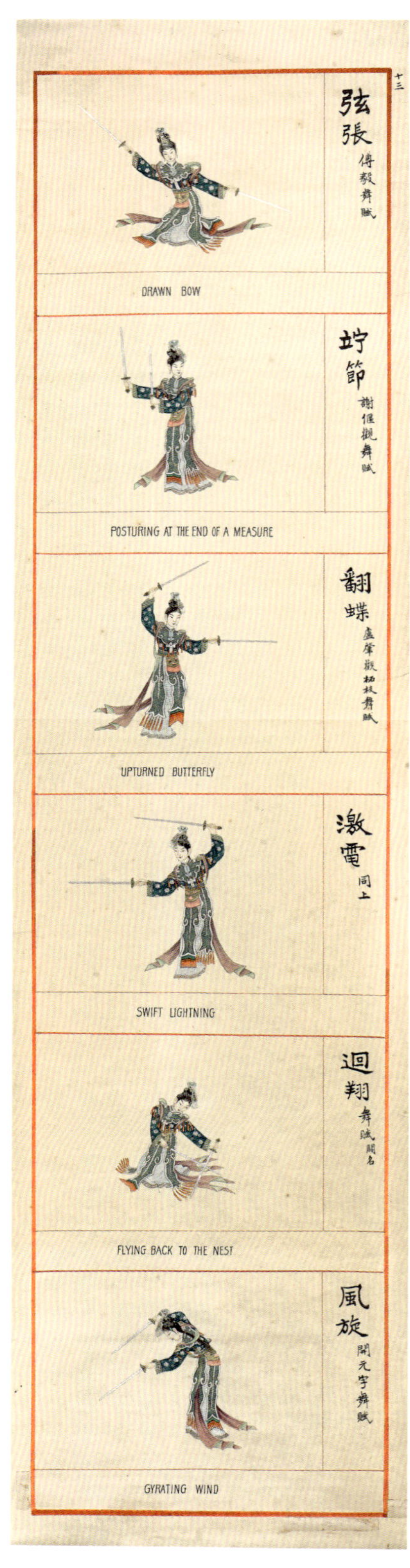

访美京剧图谱之舞谱

20 世纪 20—30 年代

172cm × 44cm

中国艺术研究院藏

访美京剧图谱之冠巾谱

20 世纪 20—30 年代

171cm × 43.5cm

中国艺术研究院藏

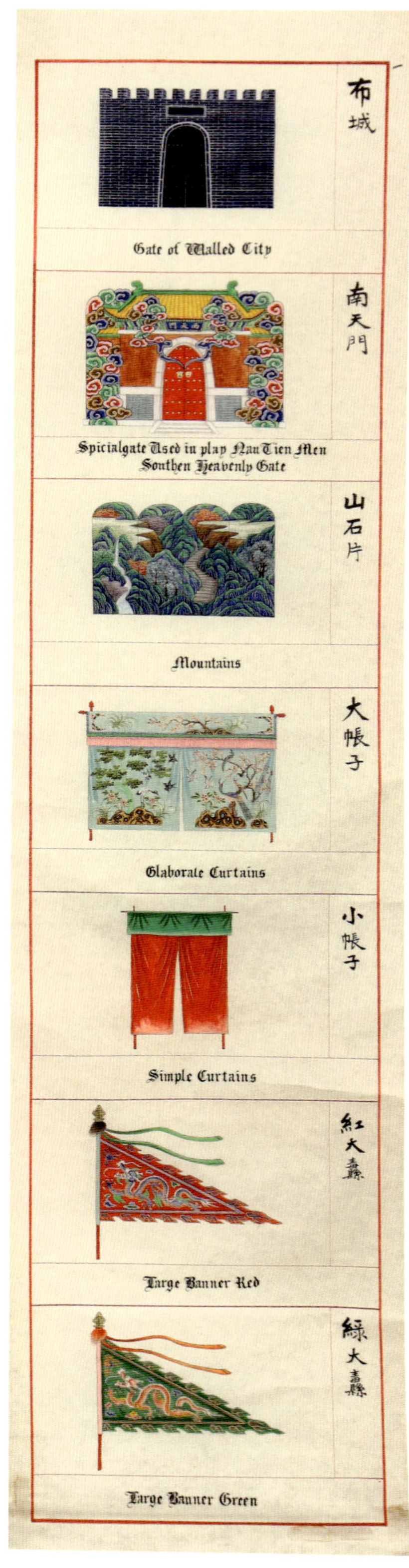

访美京剧图谱之砌末谱

20 世纪 20—30 年代

171cm × 43.5cm

中国艺术研究院藏

梅兰芳访美演出时所用守旧

1930 年
门帘：240cm × 120cm
台帐：400cm × 340cm
中国艺术研究院藏

访苏

拍摄《虹霓关》电影工作照

1935 年
苏联导演爱森斯坦拍摄《虹霓关》“对枪”场景
梅兰芳（右一）饰东方氏、朱桂芳（左一）饰王伯当

梅兰芳与斯坦尼斯拉夫斯基合影

1935 年

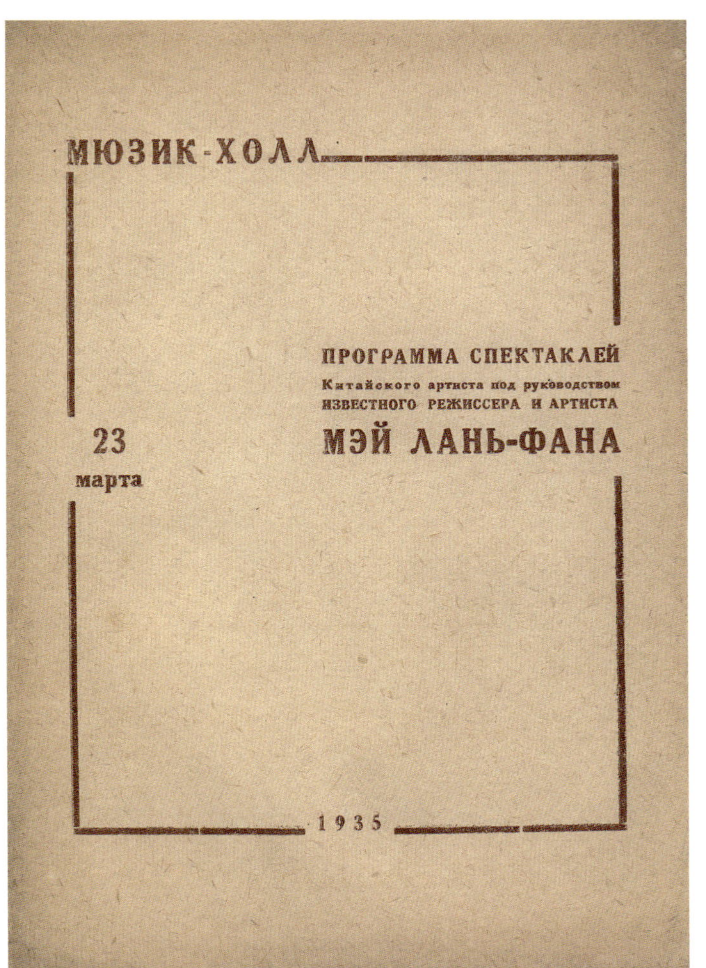

МЮЗИК-ХОЛЛ

ПРОГРАММА СПЕКТАКЛЕЙ
Китайского артиста под руководством
ИЗВЕСТНОГО РЕЖИССЕРА И АРТИСТА
МЭЙ ЛАНЬ-ФАНА

23
марта

1935

1. „Подозрительная туфля“—пьеса

Действующие лица:

Ин-Чунь . . . . Мэй-Лань-фан
Сюз Жен-гуй . . . . Ван Шао-дин

2. „Чун-Гуй, уродливый ученый“.
Избранные сцены из пьесы

Чун-Гуй . . . . Лиу Лиэнь-чжун
Три приведения

3. Танец меча из пьесы
„Девушка-героиня“ . . . . . Мэй-Лань-фан

Антракт

4. „Зеленая гора“. Избранные сцены из пьесы.

Дух Белой Лисы . . . . Чу Гуй-фан
Гуань-Пин—Воинственный бог . . У Ю-лин
Лю-Цзу – Таоистский жрец . . . Ван Шао-дин

5. „Фей Чжен-о и генерал „Тигр“—пьеса.

Фэй Чжен-о, придворная дама . . Мэй Лань-фан
Генерал „Тигр“ . . . . Лиу Лиэнь-чжун
Фрейлены

Директор труппы проф. Чжан Пен-Чунь

Зам. Директора проф. Юй Шан-Юань

访苏演出戏单（俄文版）

1935 年
28cm × 21cm
梅兰芳纪念馆藏

访苏演出海报

1935 年

梅兰芳纪念馆藏

《梅兰芳的舞台艺术》电影海报（俄文版）

1957 年

梅兰芳纪念馆藏

THE NORTH-CHINA DAILY NEWS, FRIDAY, FEBRUARY 22, 1935

MIXED PARTY FOR MOSCOW

Dr. W. W. Yen, Ambassador to Moscow, Miss Butterfly Wu, screen star, and Dr. Mei Lan-fang, idol of the Chinese stage, (from left to right), who sailed in the Soviet steamer Sever yesterday afternoon. A large group of Chinese and Soviet officials and friends were on the wharf to offer their best wishes for the group.

Feb. 19-1935

AMBASSADOR, ARTIST HONOURED

Reception at Park Hotel Largely Attended

A largely attended reception was given at the Park Hotel yesterday afternoon in honour of Dr. W. W. Yen, Ambassador to Russia, and Dr. Mei Lan-fang, idol of the Chinese stage, who are leaving for Moscow via Vladivostock to-morrow.

Gen. Wu Te-chen, Mayor of Shanghai, who presided, welcomed the guests in a brief speech. He stated that it was through the untiring efforts of Dr. Yen that the good relations between China and Soviet Russia had been greatly strengthened and that Dr. Yen's return to Russia would no doubt further improve the present relations.

Turning to Dr. Mei, Gen. Wu stated that it was an honour to China that Soviet Russia had invited Dr. Mei for a special visit. Since the revolution, the theatre had made great progress in Soviet Russia. While Dr. Mei's visit to that country would help to advance art and hasten the inter-mingling of different cultures, it should also serve to further cement the friendly relations between China and Soviet Russia.

A luncheon party was given yesterday by the Chargé d'Affaires of the U.S.S.R., Mr. I. Spilvanek, for the Chinese Ambassador to the U.S.S.R., Dr. W. W. Yen, and the famous Chinese actor, Mei Lan-fang, who are shortly leaving for Russia on the Soviet steamer Sever.

* * *

A reception will be given in honour of Dr. W. W. Yen, Chinese Ambassador to Soviet Russia, and Mr. Mei Lan-fang, the famous Chinese actor, by a group of officials and prominent merchants headed by Dr. H. H. Kung and Gen. Wu Te-chen at the Park Hotel to-night. Dr. Yen and Mr. Mei are leaving on Wednesday in the ss. Sever for Russia. This morning Dr. Yen may pay a visit to Hangchow on private business, but he will return here this afternoon in order to attend the Park Hotel reception.

MOSCOW PARTY TO SAIL TO-MORROW

Feb. 20-1935

Departure of Soviet Vessel Sever Delayed

Dr. W. W. Yen, Ambassador to Russia, and his niece, Mrs. P. T. Chen, nee Hilda Yen, who is to act as hostess to the Embassy, will not leave here until to-morrow as the Soviet steamer Sever which was to leave for Vladivostok this morning has been delayed until about 2 p.m. to-morrow.

Sailing in the same vessel will be a group of 24 Chinese actors headed by Dr. Mei Lan-fang, idol of Chinese stage, who has been invited by the Soviet authorities to give an exhibition in Moscow. Miss Butterfly Hu, screen star, Mr. and Mrs. Chow Chien-yung, and Mr. Sun Kwei-chih will also leave in the Sever to take part in the International Movie Assembly in Moscow.

Feb. 21-1935

PARTY TO MOSCOW SAILS IN SEVER

Departure of Diplomat, Stage and Screen Stars

HEARTY SEND-OFF ON THE C.M.S.N. WHARF

Acceding to repeated requests from the Government, Dr. W. W. Yen, Ambassador to Russia, irrespective of his own desire to retire for health reasons, sailed for Vladivostok in the Soviet steamer Sever yesterday afternoon on his way to Moscow to resume his duties being accompanied by Dr. Chiao Hsiang-tsung, his physician and staff members of the Embassy. Mrs. P. T. Chen, his niece, who will act as official hostess of the Embassy, left in the same vessel.

Accompanying Dr. Yen's party to Moscow were Dr. Mei Lan-fang, idol of the Chinese stage, and Miss Butterfly Wu, screen star. Dr. Mei and his trouple of more than 20 actors have been invited by the Soviet Government to demonstrate the Chinese theatrical art in Moscow, while the actress, together with Mr. and Mrs. K. Y. Chow, delegates of the Chinese movie industry, will take part in the Soviet International Films Exhibition.

Mr. P. C. Chang and Mr. S. Y. Yue, educationists and dramatists, also sailed with the group to tour the U.S.S.R. and Europe to further their studies. Although a freighter, the Sever carried more than 40 persons.

Scores of Well-wishers

Long before the departure of the Sever at 3 p.m., the China Merchants' Lower Wharf was the scene of a large cosmopolitan gathering who arrived to wish the party a good voyage. Additional policemen were sent to the wharf to handle traffic, while on board the vessel, the dining room, passageways and the gangplank were so crowded that one could hardly move at times.

Despite the inclement weather, many arrived at the wharf early after noon. Miss Butterfly Wu, and Mr. and Mrs. K. Y. Chow and a group of members of the Star Motion Picture Company were among the first on the wharf, others arriving shortly after 1 p.m. Dr. F. C. Yen, brother of Dr. W. W. Yen, and Mrs. Yen, Mr. P. T. Chen, secretary to Dr. H. H. Kung, Mr. Yui Ming, Director of the Shanghai Office of the Ministry of Foreign Affairs, Mr. O. S. Lieu, Director of the China Merchants Steamship Co., were among those who wished the party a pleasant journey and success. Gen. Wu Te-chen, Mayor of Shanghai, who was unavoidably prevented from attending, was represented by Mr. [illegible]. H. Tong, his secretary.

Interviewed by press representatives before his departure, Dr. Yen expressed his earnest hope for sincere co-operation between the people and the Government in his country.

访苏活动剪报册

1935 年

40.5cm × 29cm

梅兰芳纪念馆藏

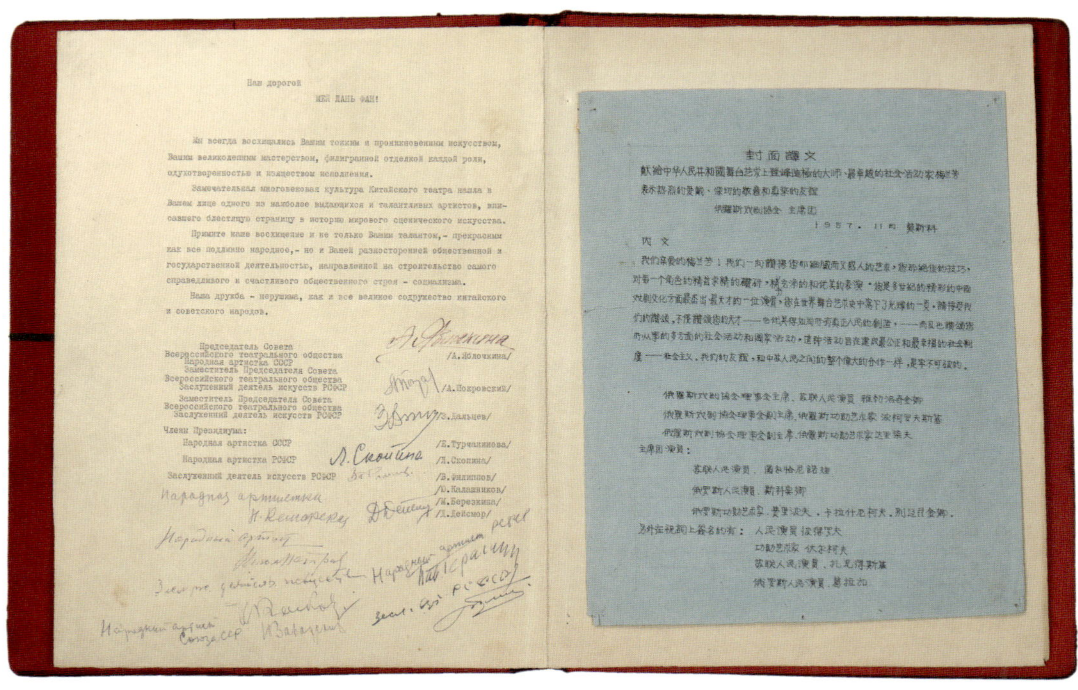

Наш дорогой

МЭЙ ЛАНЬ ФАН!

Мы всегда восхищались Вашим тонким и проникновенным искусством, Вашим великолепным мастерством, филигранной отделкой каждой роли, одухотворенностью и изяществом исполнения.

Замечательная многовековая культура Китайского театра нашла в Вашем лице одного из наиболее выдающихся и талантливых артистов, вписавшего блестящую страницу в историю мирового сценического искусства.

Примите наше восхищение и не только Вашим талантом,- прекрасным как все подлинно народное,- но и Вашей разносторонней общественной и государственной деятельностью, направленной на строительство самого справедливого и счастливого общественного строя - социализма.

Наша дружба - нерушима, как и все великое содружество китайского и советского народов.

Председатель Совета Всероссийского театрального общества Народная артистка СССР /А.Яблочкина/

Заместитель Председателя Совета Всероссийского театрального общества Заслуженный деятель искусств РСФСР /А.Покровский/

Заместитель Председателя Совета Всероссийского театрального общества Заслуженный деятель искусств РСФСР /З.Зальцев/

Члены Президиума:

Народная артистка СССР /Е.Турчанинова/

Народная артистка РСФСР /Л.Скопина/

Заслуженный деятель искусств РСФСР /В.Филиппов/

/Ю.Калашников/

/М.Березкина/

/Л.Дейсмор/

封面譯文

獻給中华人民共和國舞台艺术上登峰造極的大师、最卓越的社会活动家梅兰芳

表示熱烈的愛戴、深切的敬意和真挚的友誼

俄羅斯戏劇協会 主席团

1957. 11月 莫斯科

内文

我们亲爱的梅兰芳！我们一向讚揚您那細膩而又感人的艺术，您那絕佳的技巧，对每一个角色的精益求精的鑽研，精力充沛的和优美的表演。您是多世紀的精彩的中國戏劇文化方面最杰出最天才的一位演員，您在世界舞台艺术史中寫下了光輝的一頁。請接受我们的讚頌，不僅讚頌您的天才——也就是像如同所有真正人民的創造，——而且也讚頌您所从事的多方面的社会活动和國家活动，這种活动旨在建成最公正和最幸福的社会制度——社会主义。我们的友誼，和中苏人民之间的整个偉大的合作一样，是牢不可破的。

俄羅斯戏劇協会理事会主席、苏联人民演員 雅勃洛奇金娜

俄羅斯戏劇協会理事会副主席、俄羅斯功勛艺术家 波柯罗夫斯基

俄羅斯戏劇協会理事会副主席、俄羅斯功勛艺术家 达里察夫

主席团委員：

苏联人民演員、圖尔恰尼諾娃

俄罗斯人民演員、斯科皮娜

俄罗斯功勛艺术家、费里波夫、卡拉什尼柯夫、別沽兹金娜。

另外在祝詞上簽名的有： 人民演員 拉撥罗夫

功勛艺术家 伏尔柯夫

苏联人民演員、扎尼涅斯基

俄罗斯人民演員、葛拉加

俄罗斯戏剧协会主席团向梅兰芳赠送的《致敬辞》（封面、内文）

1957 年

36.5cm × 17.5cm

中国艺术研究院藏

访苏纪念品

1957 年
盒：20cm × 16cm × 10cm
杯碟：11cm × 1.5 cm
杯子：19cm × 5cm
俄罗斯戏剧协会主席赠予梅兰芳的掐丝珐琅杯盏
中国艺术研究院藏

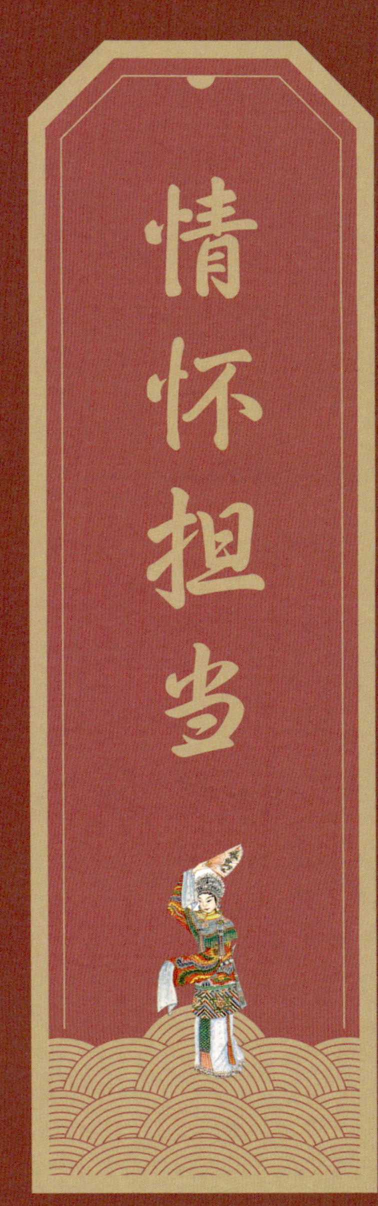
情怀担当

“情怀担当”篇章以“气节”“义举”“为公”三个部分来展现梅兰芳的家国情怀和仁人之心。

在国家和民族的危难艰险之际，梅兰芳敢于担当，坚持抗争，排演了鼓舞人心的《抗金兵》和体现国仇家恨的《生死恨》。他蓄须明志，拒绝给侵略者演出；避居上海、香港等地，靠卖画补贴日常用度，体现出坚贞不移的民族气节。梅兰芳虽出身于旧社会的梨园行，但是丝毫没有保守、悭吝的旧习气，一生关心公益事业，积极参与各类义演，在赈灾、募捐和慰问活动中，秉持仁义忠厚之心，奉行艺术“为人”宗旨，赢得了梨园和社会的广泛赞誉。20 世纪初期兴起的“整理保存国故”运动，在当时各界引起极大的反响，梅兰芳无疑也受到了这一思想的影响，他留心于传统戏曲及表演艺术资料的保存，将许多精美的古代艺术文物悉心收藏，为当下的文化研究留下了丰富的珍宝。

气节

“蓄须明志”照

20 世纪 30—40 年代

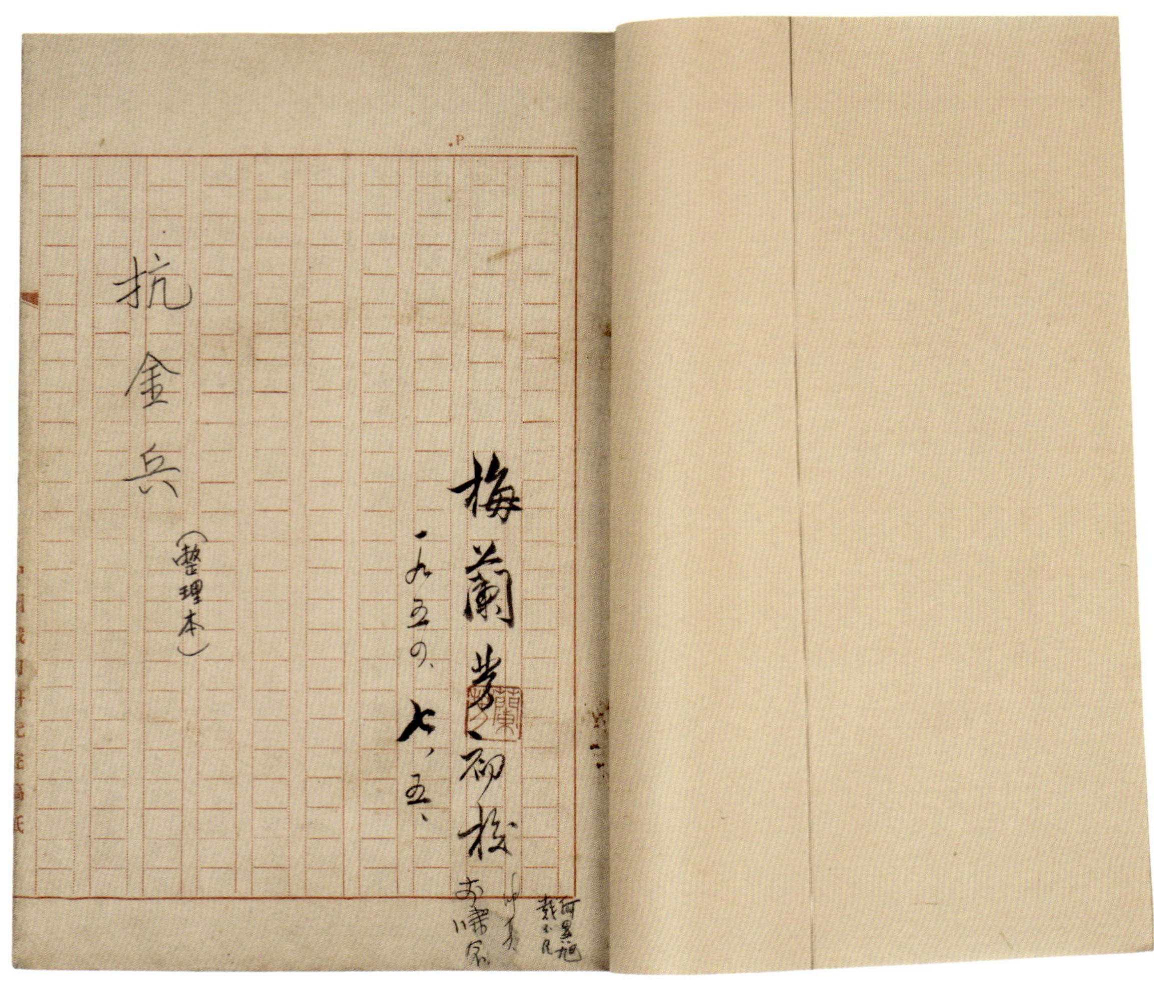

梅兰芳初校《抗金兵》（整理本）

1954 年
25cm × 17.2cm
中国艺术研究院藏

前記

北宋末，金人南侵，直抵長江北岸。潤州守將韓世忠聞報，與夫人梁紅玉共籌抗金；因深恐勢孤力弱，乃邀鄰防張俊、劉錡二鎮出兵相助。同時，義民阮良等亦来投軍報効。

梁紅玉見事緊急，親自調兵遣將，安排陣勢，準備出战；並諭二子奮勇上陣，又與韓世忠巡視各营，鼓勵士氣。

次日，雙方大战於金山江面，梁紅玉擂鼓助战，士氣大振。梁又親率女兵與敌接战。韓世忠率二子身先士卒，衝鋒陷陣。各路大軍齊攻之下，金兀朮不敌，棄舟败退。

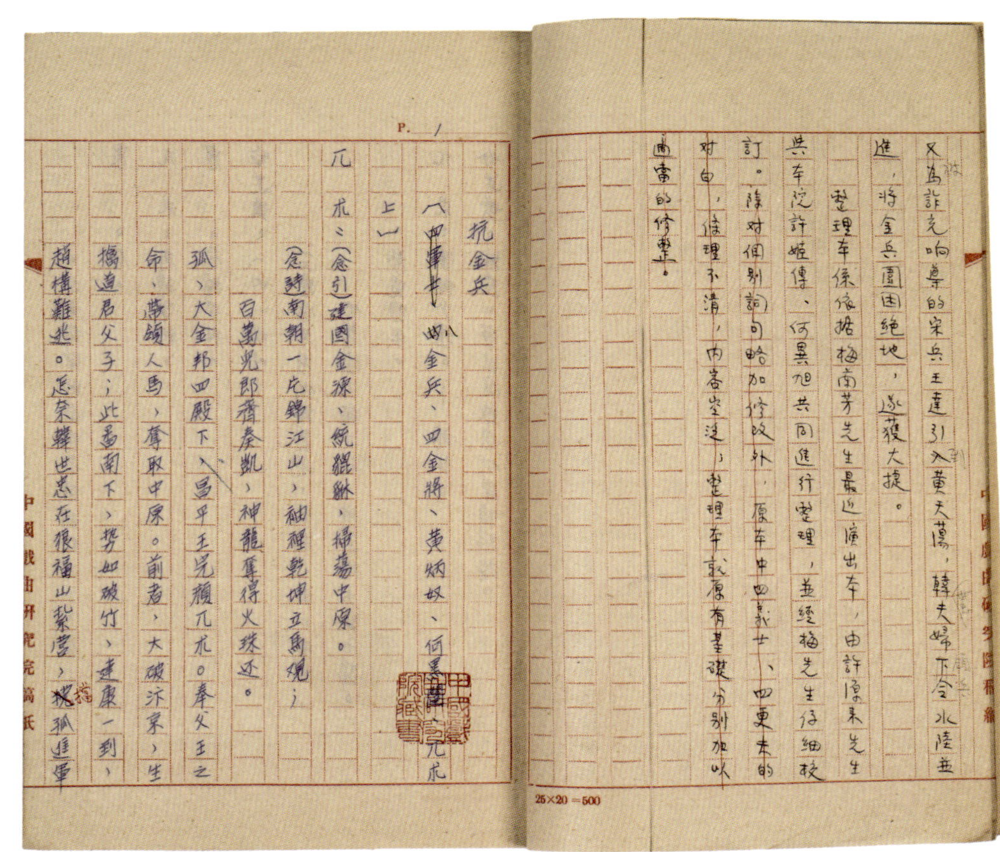

又為詐充向導的宋兵王達引入黃天蕩，韓夫婦下令水陸並進，將金兵圍困絕地，遂獲大捷。

整理本係依據梅南芳先生最近演出本，由許源來先生共本從許姬傳、何異旭共同進行整理，並經梅先生仔細校訂。除对個別詞句略加修改外，原本中四齣廿、四更末的对白，條理不清，内容空泛；整理本就原有基礎分別加以適當的修整。

P. 1

抗金兵

〔四韓升〕〔八金兵、四金將、黃炳奴、何黑虎、兀朮上〕

兀朮：（念）〔念引〕建國金源、統貔貅、掃蕩中原。（念詩）南朝一片錦江山，袖裡乾坤立馬現；百萬兒郎齊奏凱，神龍奪得火珠还。孤，大金邦四殿下、昌平王完顏兀朮。奉父王之命，帶領人馬，奪取中原。前者，大破汴京，生擒道君父子；此番南下，勢如破竹，建康一到，趙構難逃。怎奈韓世忠在狼福山紮營，擋孤進軍

《抗金兵》唱片

1935 年

直径 28.5cm

胜利公司出品

中国艺术研究院藏

VICTOR
美國勝利唱機公司
54789-B
平劇
梅蘭芳
抗金兵
二段
R.C.A Victor Co. of China Shanghai
C54789B

關於編演「抗金兵」的經過
移件

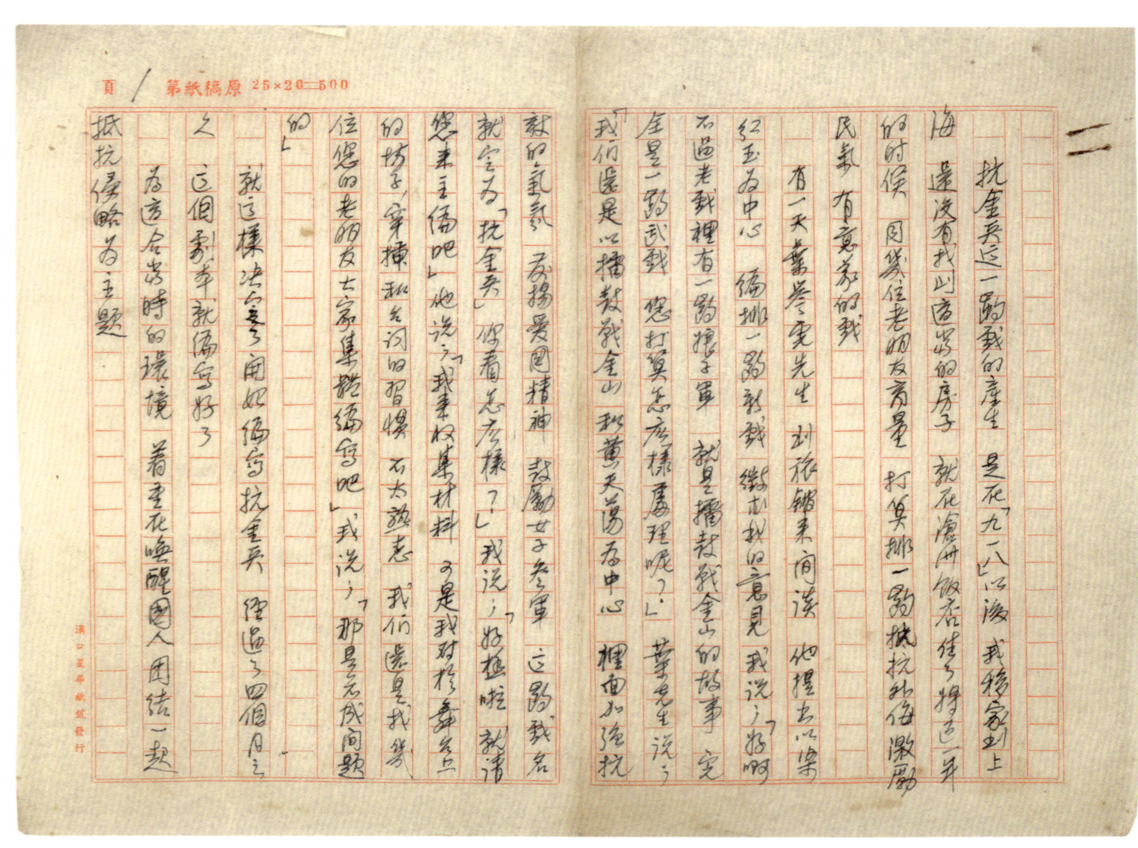

原稿紙第 1 頁 25×20=500

抗金兵這一齣戲的產生，是在「九一八」以後，我移家到上海，還沒有找到適當的房子，就在滄州飯店住了將近一年的時候，同幾位老朋友商量，打算排一齣提倡抵抗外侮激勵民氣，有意義的戲。

有一天葉譽虎先生到滄州飯店來同我談，他提出以梁紅玉為中心，編排一齣新戲，徵求我的意見，我說：「好啊！不過老戲裡有一齣娘子軍，就是擂鼓戰金山的故事，完全是一齣武戲，您打算怎麼處理呢？」葉先生說：「我們還是以擂鼓戰金山，黃天蕩為中心，裡面加強抗敵的氣氛，發揚愛國精神，鼓勵女子參軍，這齣戲名就定為「抗金兵」，您看怎麼樣？」我說：「好極啦，就請您來主編吧。」他說：「我來收集材料，可是我對於舞台上的場子，穿插和台詞的習慣不太熟悉，我們還是找幾位您的老朋友大家集體編寫吧。」我說：「那是不成問題的。」

就這樣決定了，開始編寫抗金兵，經過了四個月之久，這個劇本就編寫好了。

為適合當時的環境，着重在喚醒國人團結一起抵抗侵略為主題。

漢口星華紙號發行

《关于编演〈抗金兵〉一剧的经过》手稿

年代不详

20.5cm × 28cm

梅兰芳撰，共两页

梅兰芳纪念馆藏

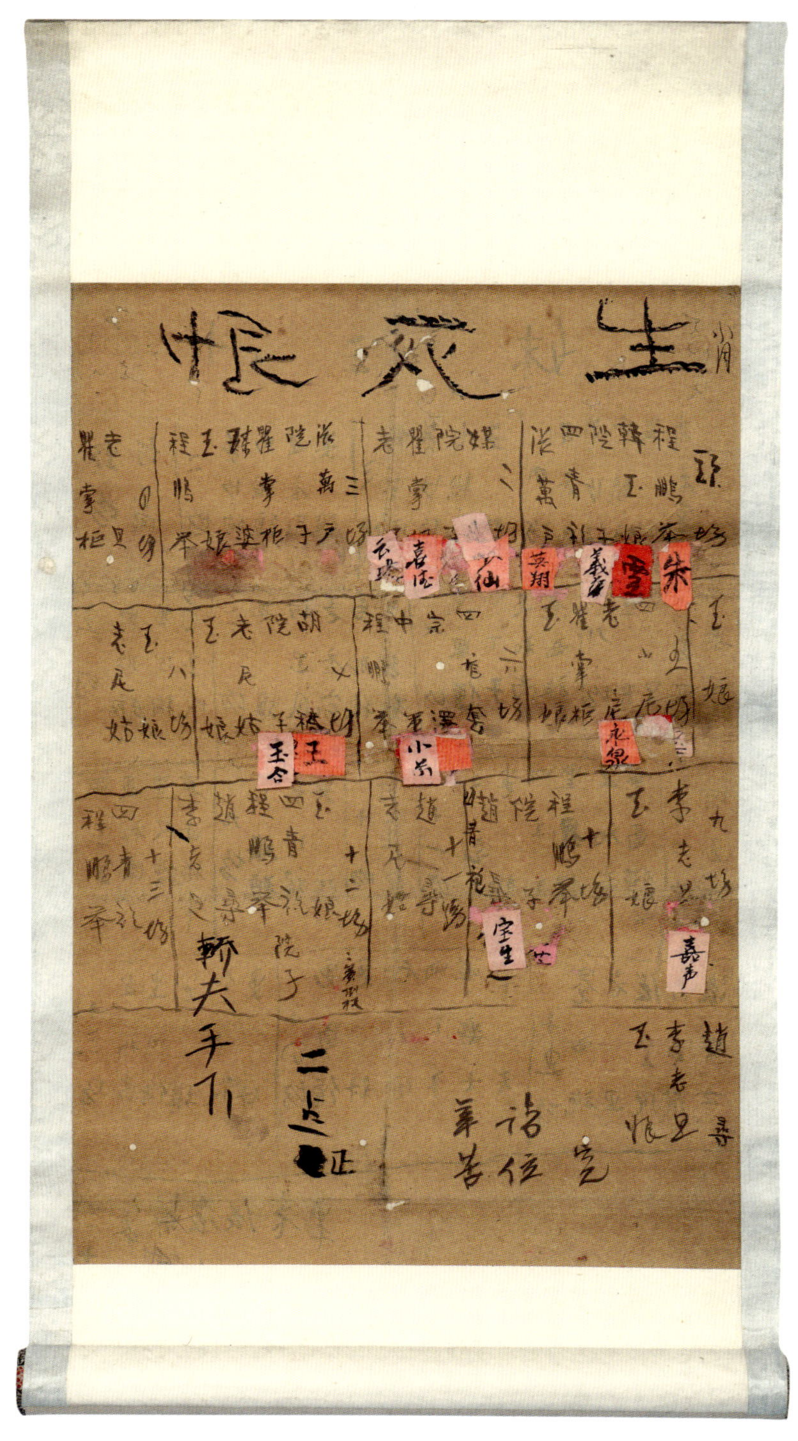

《生死恨》提纲

年代不详

43cm × 28.5cm

中国艺术研究院藏

《生死恨》剧本

20 世纪 30—40 年代

26.2cm × 15cm

齐如山编

中国艺术研究院藏

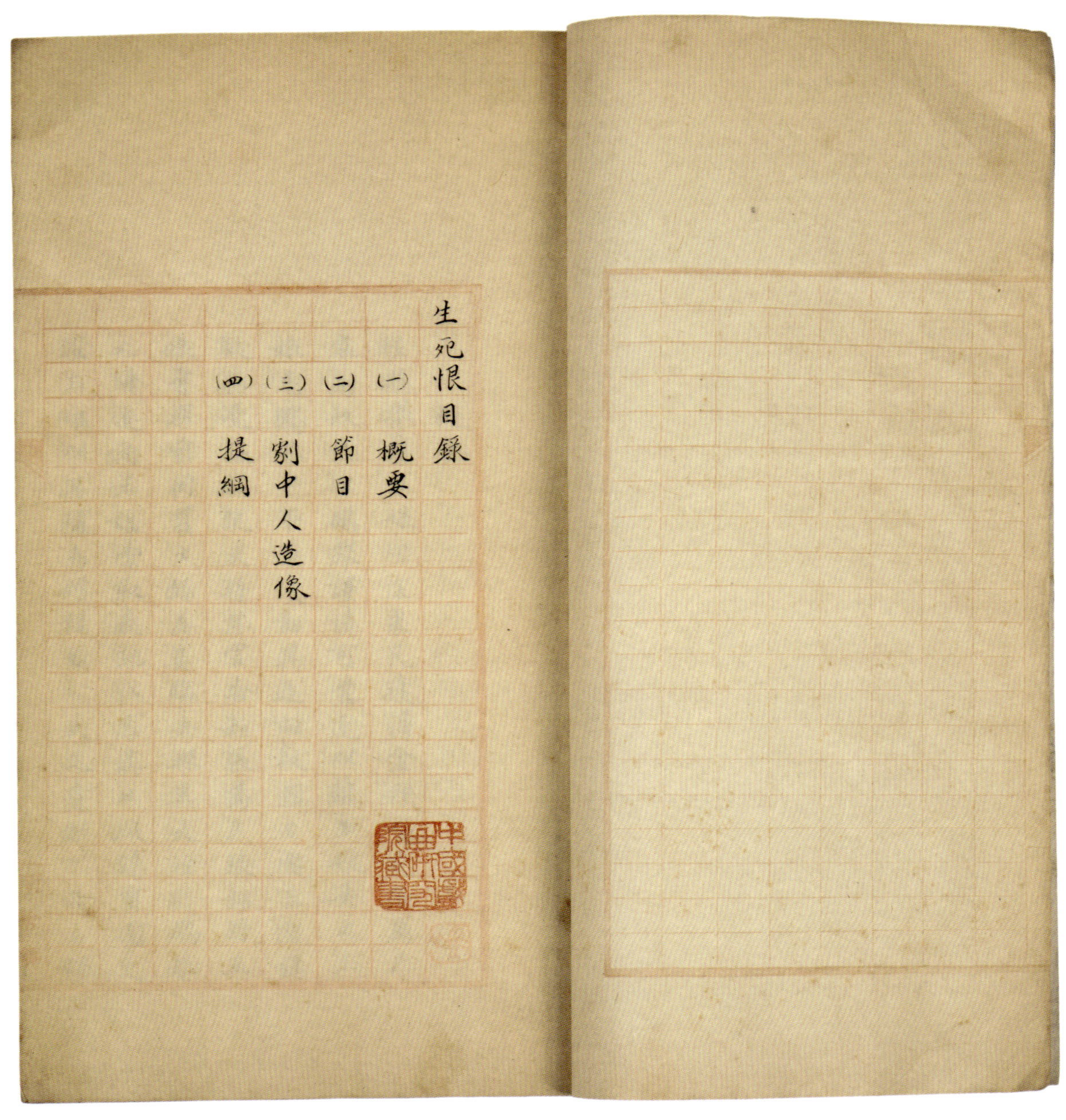
生死恨目錄
(一)概要
(二)節目
(三)劇中人造像
(四)提綱

《生死恨》唱片

1934 年

直径 28.5cm

胜利公司出品

中国艺术研究院藏

VE
VICTOR
美國勝利唱機公司
54790-B
平劇
梅蘭芳
生死恨
二段
R.C.A. Victor Co. of China
Shanghai
VE

RCA
亞爾西愛勝利公司
RCA Victor Company of China
Shanghai

我国第一部彩色电影《生死恨》海报

1948 年

37.7cm × 26cm

中国艺术研究院藏

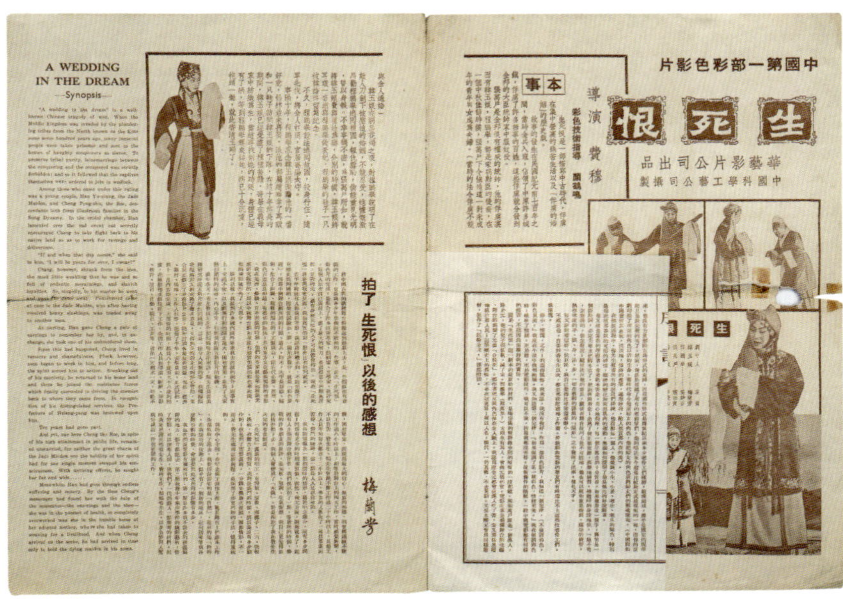

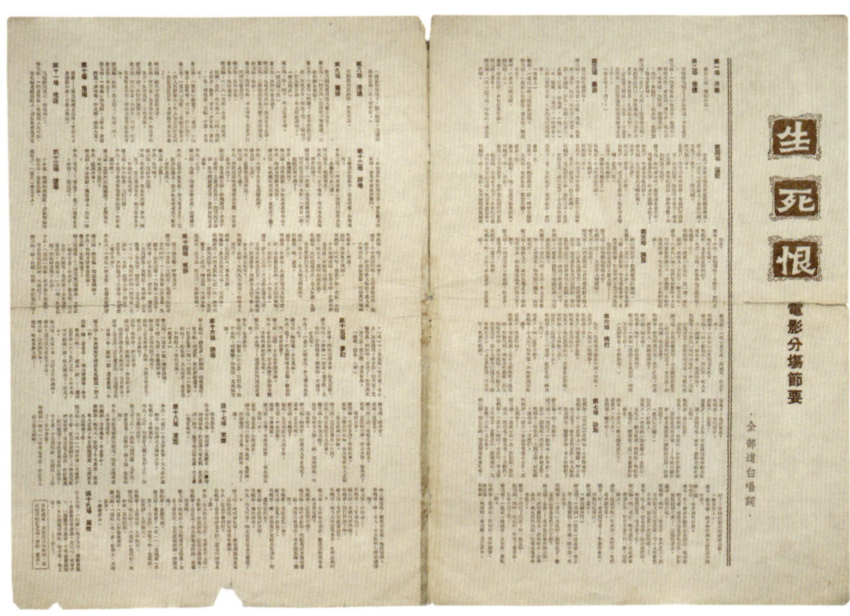

《天竺蜡梅》

20 世纪 30—40 年代

77.4cm × 34cm

梅兰芳绘，纸本设色

中国艺术研究院藏

《牵牛花》

1945 年
96cm × 34.2cm
梅兰芳绘，纸本设色
中国艺术研究院藏

《墨梅》

20 世纪 30—40 年代
103cm × 24.3cm
梅兰芳绘，纸本设色
中国艺术研究院藏

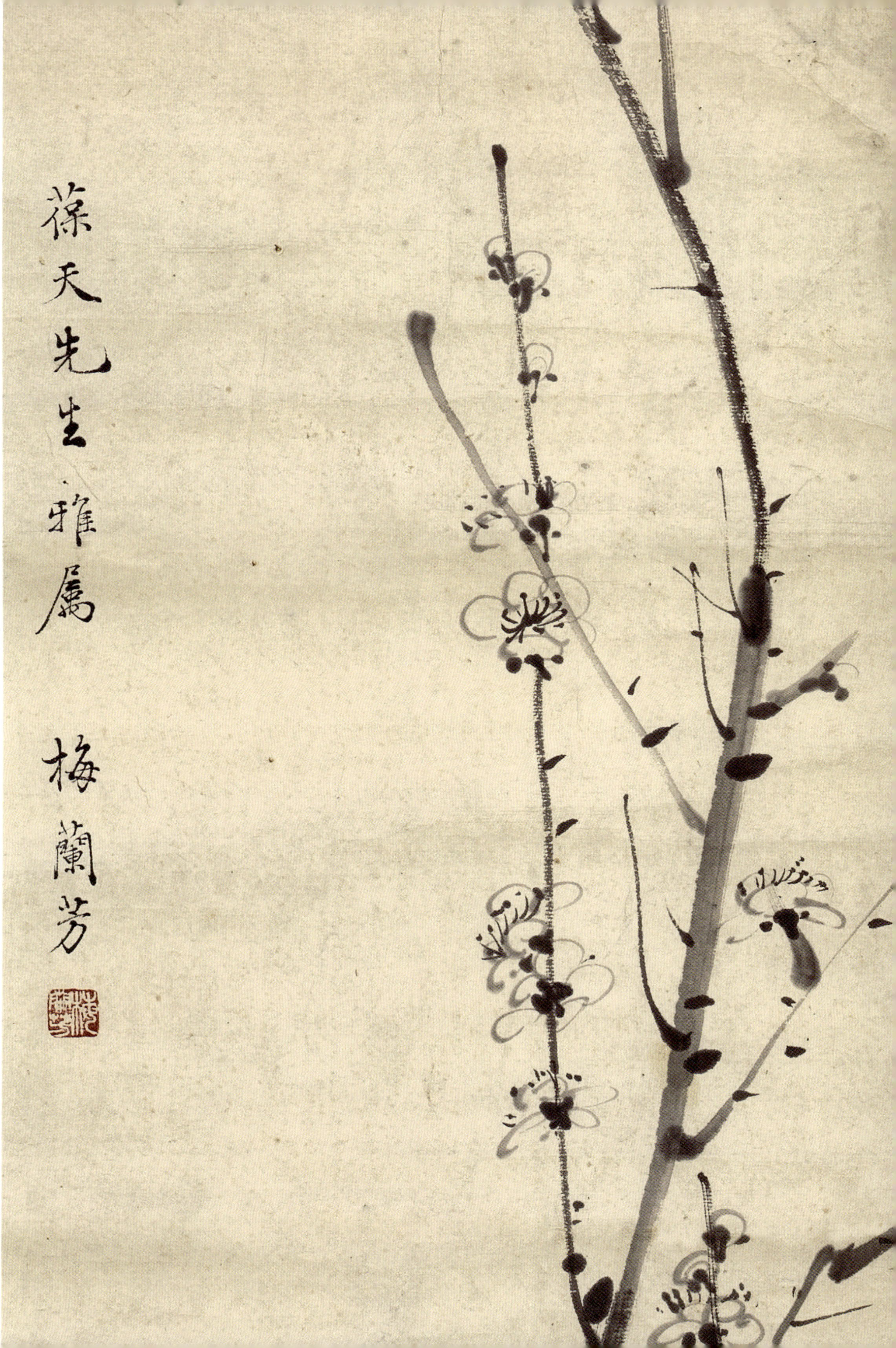

篠天先生雅屬

梅蘭芳

义举

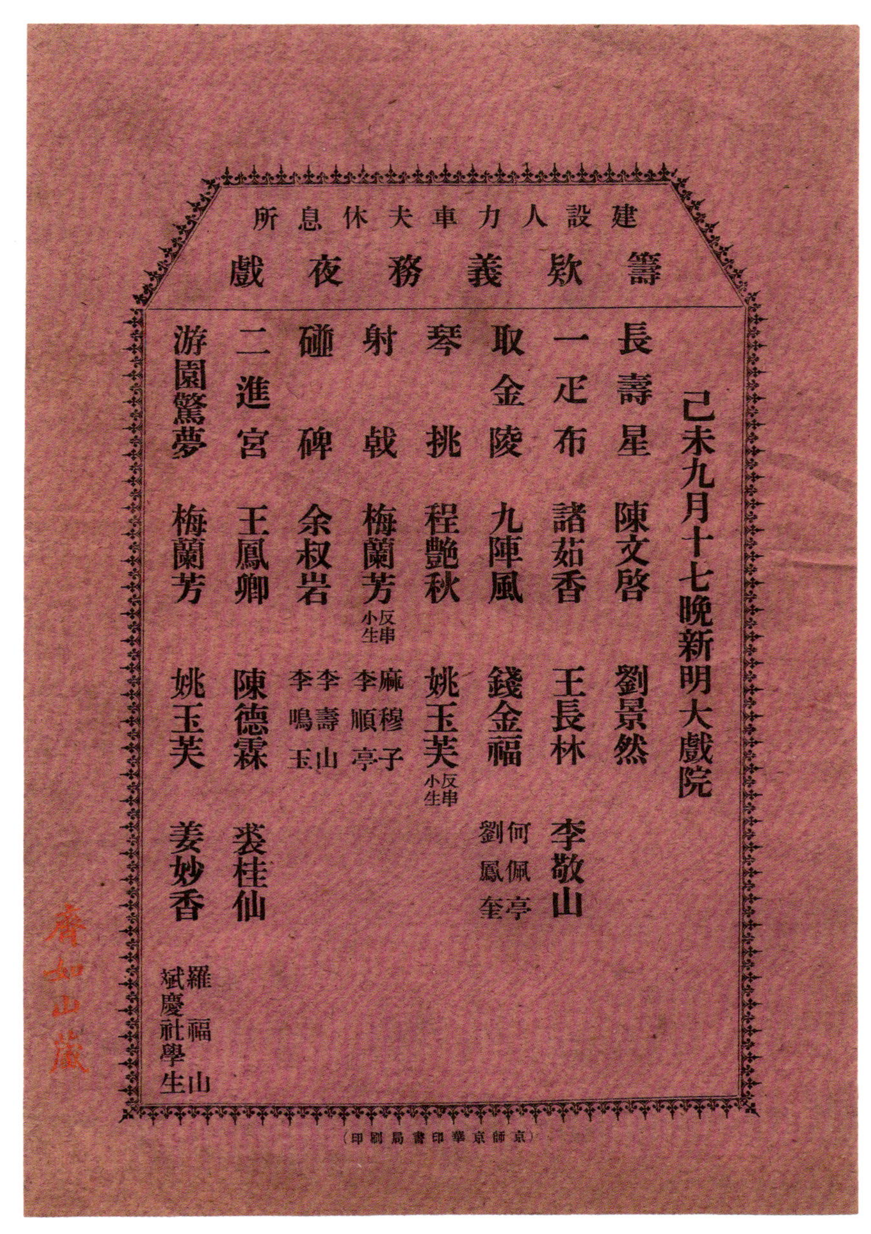
建設人力車夫休息所
籌款義務夜戲
己未九月十七晚新明大戲院
長壽星　陳文啓　劉景然
一疋布　諸茹香　王長林　李敬山
取金陵　九陣風　錢金福　何佩亭　劉鳳奎
琴挑　程艷秋　姚玉芙（反串小生）
射戟　梅蘭芳（反串小生）　麻穆子　李順亭
碰碑　余叔岩　李壽山　李鳴玉
二進宮　王鳳卿　陳德霖　裘桂仙
游園驚夢　梅蘭芳　姚玉芙　姜妙香
羅福山　斌慶社學生
（京師京華印書局印）
齊如山藏

新明大戏院九月十七日戏单

1919 年

25.5cm × 17.5cm

建设人力车夫休息所筹款义务夜戏

中国艺术研究院藏

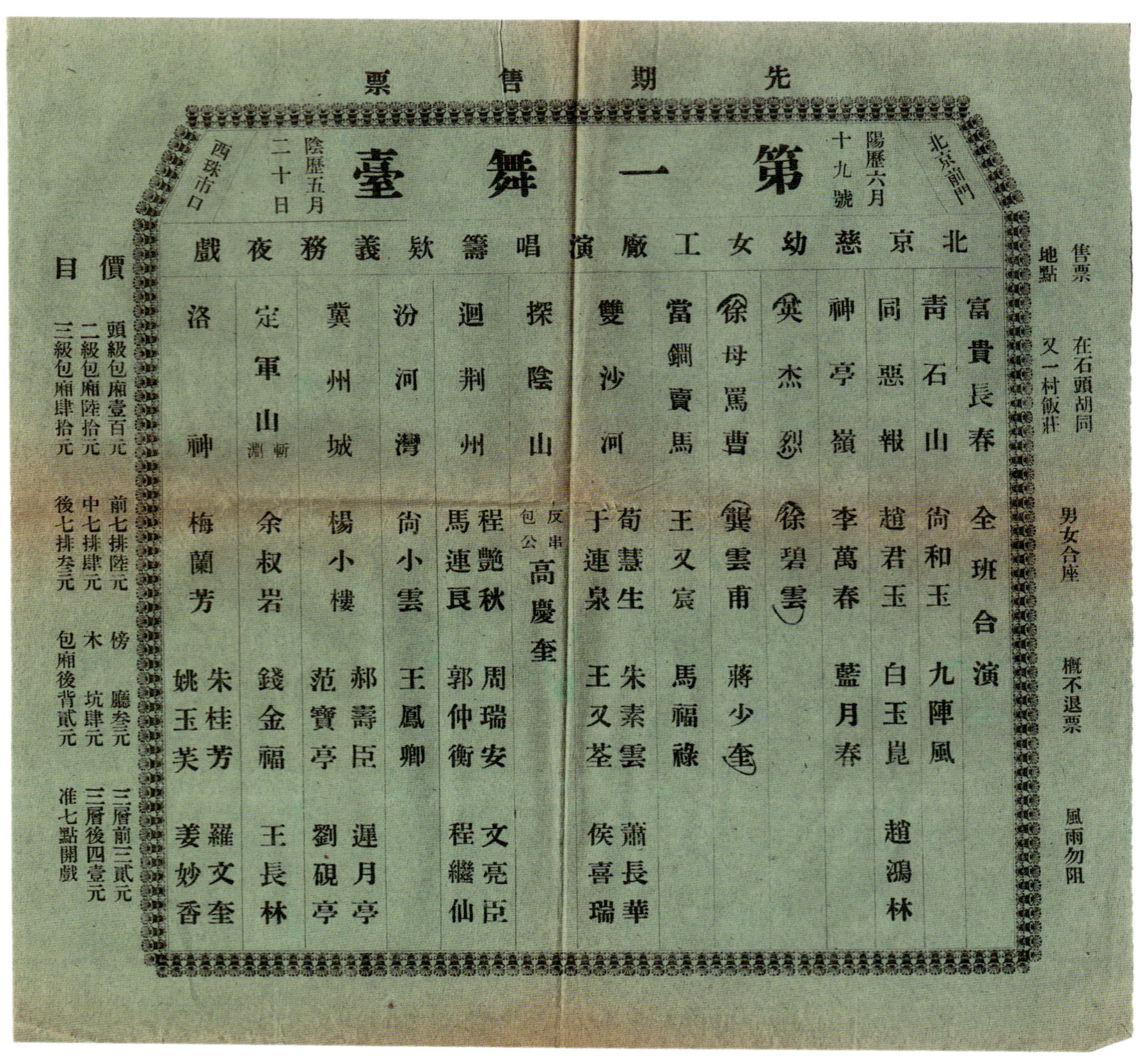

先期售票

北京前門　陽歷六月十九號　第一舞臺　陰歷五月二十日　西珠市口

北京慈幼女工廠演唱籌欵義務夜戲

富貴長春　全班合演
青石山　尚和玉　九陣風
同惡報　趙君玉　白玉崑　趙鴻林
神亭嶺　李萬春　藍月春
英杰烈　徐碧雲
徐母罵曹　龔雲甫　蔣少奎
當鐧賣馬　王又宸　馬福祿
雙沙河　荀慧生　于連泉　朱素雲　王又荃　蕭長華　侯喜瑞
探陰山　反串包公　高慶奎
迴荊州　程艷秋　馬連良　周瑞安　郭仲衡　文亮臣　程繼仙
汾河灣　尚小雲　王鳳卿
冀州城　楊小樓　郝壽臣　范寶亭　遲月亭　劉硯亭
定軍山　斬淵　余叔岩　錢金福　王長林
洛神　梅蘭芳　朱桂芳　姚玉芙　羅文奎　姜妙香

售票地點　在石頭胡同又一村飯莊
男女合座
概不退票
風雨勿阻

價目
頭級包廂壹百元　二級包廂陸拾元　三級包廂肆拾元
前七排陸元　中七排肆元　後七排叁元
樓廳叁元　木坑肆元　包廂後背貳元
三層前三貳元　三層後四壹元　准七點開戲

第一舞台五月二十日戏单

1927 年

30cm × 31cm

北京慈幼女工厂演唱筹款义务夜戏

中国艺术研究院藏

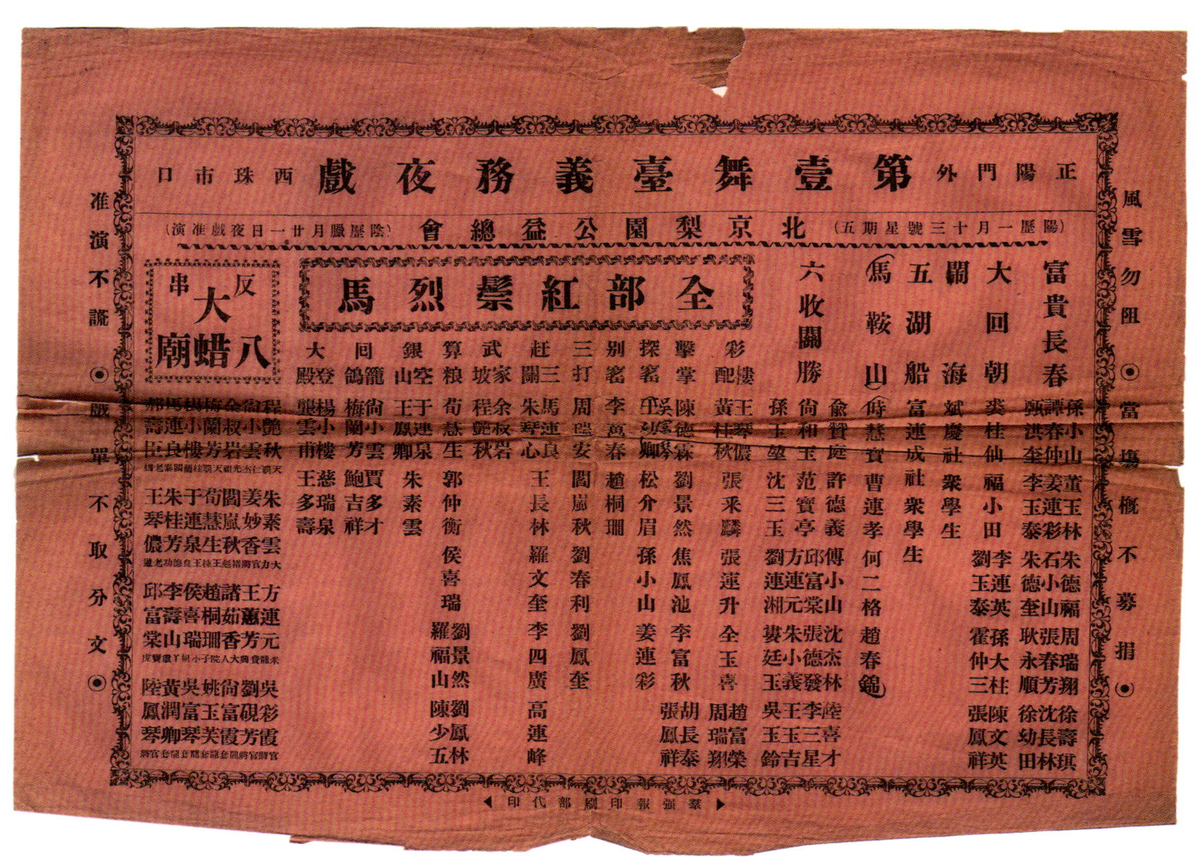

第一舞台十二月二十一日戏单

1928 年

32cm × 43.5cm

北京梨园公益总会组织“四大名旦”等名角演出义务夜戏

中国艺术研究院藏

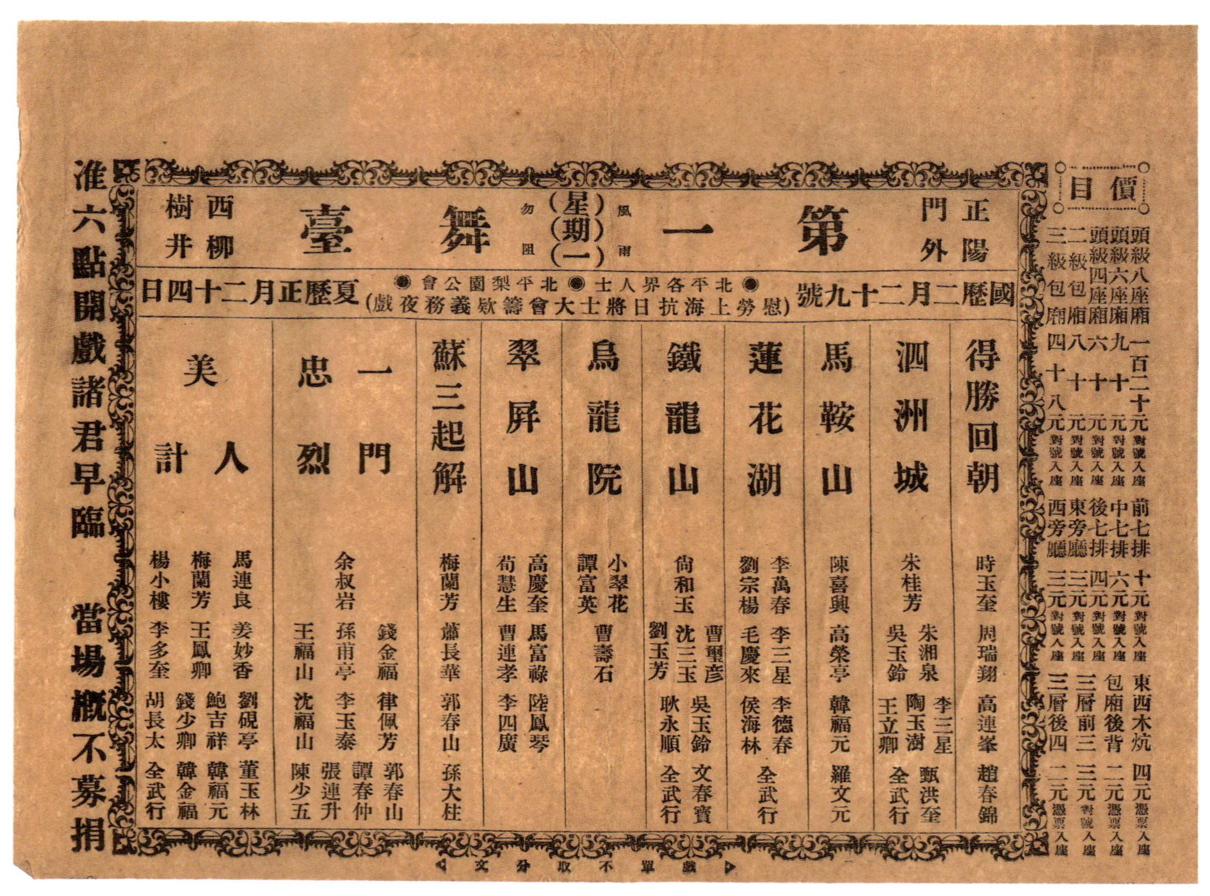

價目

頭級八座廂一百二十元對號入座
頭級六座廂九十元對號入座
頭級四座廂六十元對號入座
二級包廂八十元對號入座
三級包廂四十八元對號入座
前七排十元對號入座
中七排六元對號入座
後七排四元對號入座
東旁廳三元對號入座
西旁廳三元對號入座
東西木炕四元憑票入座
包廂後背二元憑票入座
三層前三三元對號入座
三層後四二元憑票入座

正陽門外 第一舞臺 (星期)(一) 風雨勿阻 西柳樹井

國曆二月二十九號 ◉北平各界人士◉北平梨園公會◉ (慰勞上海抗日將士大會籌欵義務夜戲) 夏曆正月二十四日

得勝回朝 時玉奎 周瑞翔 高連峯 趙春錦

泗洲城 朱桂芳 朱湘泉 吳玉鈴 李三星 陶玉澍 王立卿 甄洪奎 全武行

馬鞍山 陳喜興 高榮亭 韓福元 羅文元

蓮花湖 李萬春 劉宗楊 李三星 毛慶來 李德春 侯海林 全武行

鐵龍山 尚和玉 曹璽彥 沈三玉 劉玉芳 吳玉鈴 耿永順 文春寶 全武行

烏龍院 小翠花 譚富英 曹壽石

翠屏山 高慶奎 荀慧生 馬富祿 曹連孝 陸鳳琴 李四廣

蘇三起解 梅蘭芳 蕭長華 郭春山 孫大柱

一門忠烈 余叔岩 錢金福 孫甫亭 王福山 律佩芳 李玉泰 沈福山 郭春山 譚春仲 張連升 陳少五

美人計 馬連良 梅蘭芳 楊小樓 姜妙香 王鳳卿 李多奎 劉硯亭 鮑吉祥 錢少卿 胡長太 董玉林 韓福元 韓金福 全武行

准六點開戲諸君早臨 當場概不募捐

戲單不取分文

第一舞台一月二十四日戏单

1932 年

24cm × 32cm

慰劳上海抗日将士大会筹款义务夜戏

中国艺术研究院藏

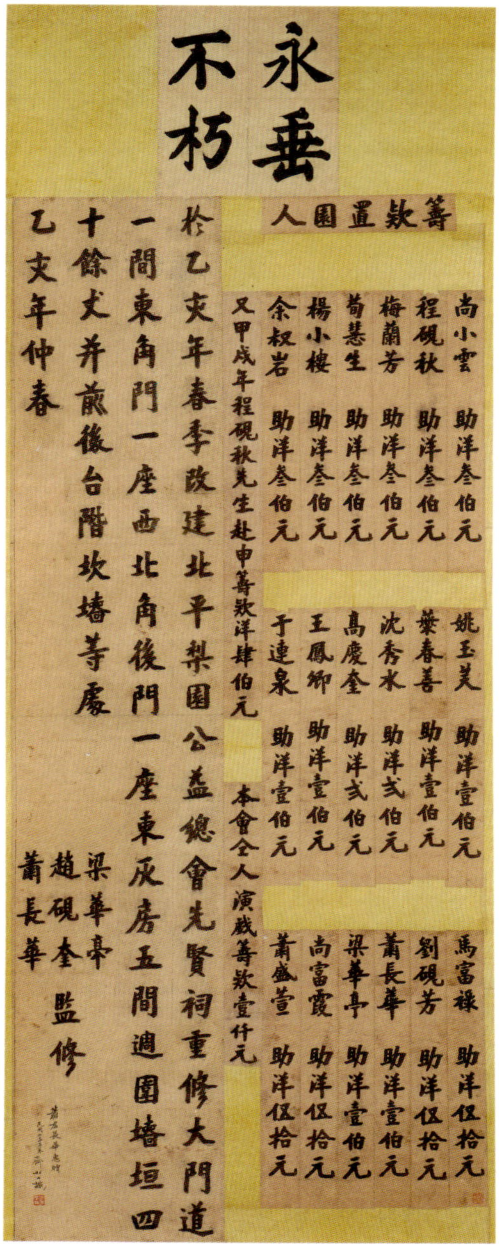

永垂不朽

籌款置園人

尚小雲 助洋叁伯元
程硯秋 助洋叁伯元
梅蘭芳 助洋叁伯元
荀慧生 助洋叁伯元
楊小樓 助洋叁伯元
余叔岩 助洋叁伯元
又甲戌年程硯秋先生赴申籌款洋肆伯元

姚玉芙 助洋壹伯元
葉春善 助洋壹伯元
沈秀水 助洋弍伯元
高慶奎 助洋壹伯元
王鳳卿 助洋壹伯元
于連泉 助洋壹伯元
本會全人演戲籌款壹仟元

馬富祿 助洋伍拾元
劉硯芳 助洋伍拾元
蕭長華 助洋壹伯元
梁華亭 助洋壹伯元
尚富霞 助洋伍拾元
蕭盛萱 助洋伍拾元

於乙亥年春季改建北平梨園公益總會先賢祠重修大門道一間東角門一座西北角後門一座東灰房五間週圍墻垣四十餘丈并前後台階坎墻等處

乙亥年仲春

梁華亭
趙硯奎
蕭長華
監修

改建北平梨园公益总会先贤祠筹款人名单

1935 年

154cm × 60cm

齐如山旧藏

中国艺术研究院藏

籌欵置園人

尚小雲 助洋叁伯元　姚玉芙 助洋壹伯元　馬富祿 助洋伍拾元
程硯秋 助洋叁伯元　葉春善 助洋壹伯元　劉硯芳 助洋伍拾元
梅蘭芳 助洋叁伯元　沈秀水 助洋弍伯元　蕭長華 助洋壹伯元
荀慧生 助洋叁伯元　高慶奎 助洋弍伯元　梁華亭 助洋壹伯元
楊小樓 助洋叁伯元　王鳳卿 助洋壹伯元　尚富霞 助洋伍拾元
余叔岩 助洋叁伯元　于連泉 助洋壹伯元　蕭盛萱 助洋伍拾元
又甲戌年程硯秋先生赴申籌欵洋肆伯元　本會仝人演戲籌欵壹仟元

於乙亥年春季改建北平梨園公益總會先賢祠重修大門道
一間東角門一座西北角後門一座東灰房五間週圍墻垣四
十餘丈并前後台階坎墻等處

梁華亭
趙硯奎　監修
蕭長華

乙亥年仲春

《改建北平梨园公益总会先贤祠功德碑》拓片

拓印年代不详

139.8cm × 66cm

中国艺术研究院藏

梅兰芳剧团三月八日戏单

20 世纪 50 年代

37cm × 27cm

与梅葆玖同台演出

中国艺术研究院藏

梅兰芳与战斗英雄

1953 年，梅兰芳参加中国人民赴朝鲜慰问团时与战斗英雄合影

梅兰芳为志愿军演出《贵妃醉酒》

1953 年

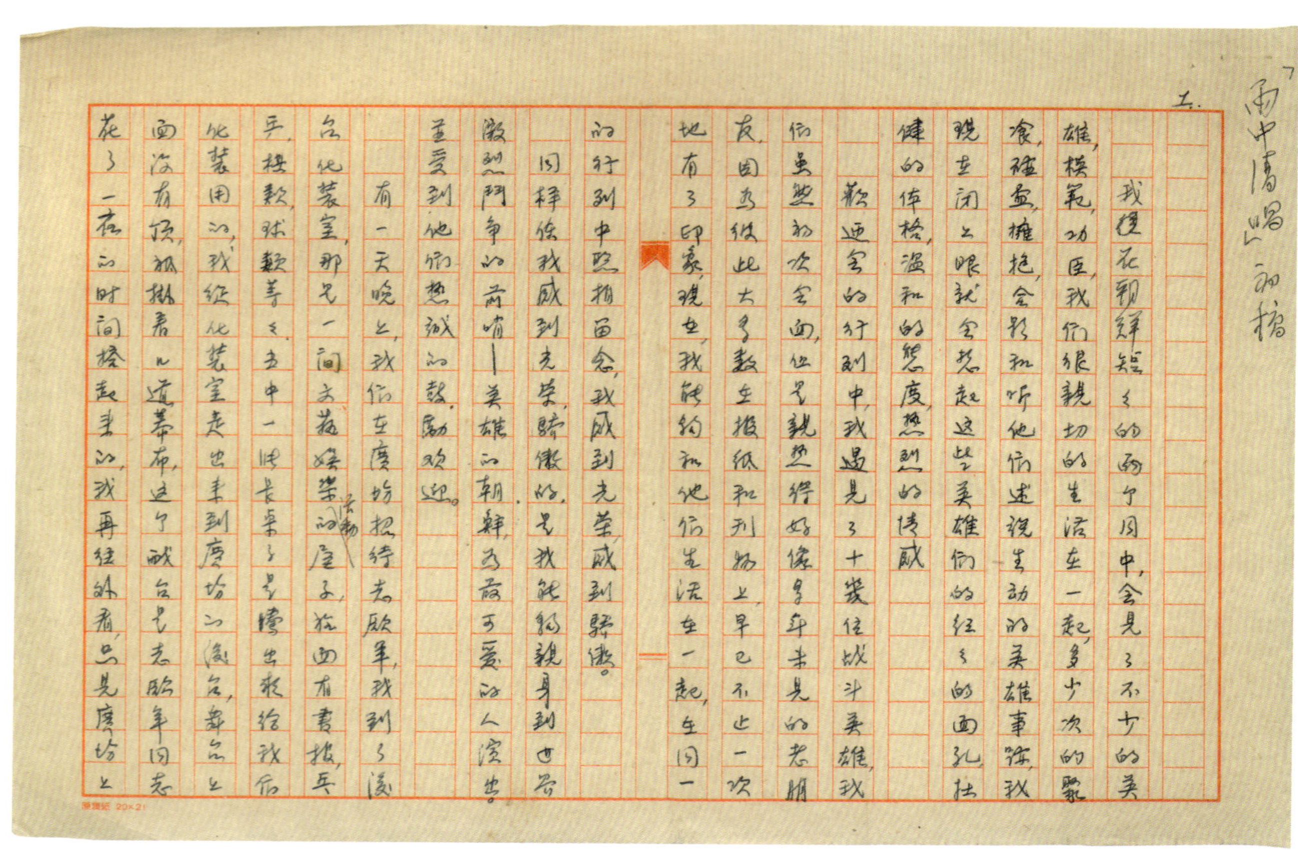

「雨中清唱」初稿

五.

我这次在朝鲜短短的两个月中，会见了不少的英雄，模范，功臣，我们很亲切的生活在一起，多少次的聚餐，碰杯，拥抱，会谈和听他们述说生动的英雄事迹，我现在闭上眼就会想起这些英雄们的红红的面孔，壮健的体格，温和的态度，热烈的情感

欢迎会的行列中，我遇见了十几位战斗英雄，我们虽然初次会面，但是亲热得好像多年未见的老朋友，因为彼此大多数在报纸和刊物上，早已不止一次地有了印象，现在，我能够和他们生活在一起，在同一的行列中照相留念，我感到光荣，感到骄傲。

同样使我感到光荣，骄傲的，是我能够亲身到过激烈斗争的前哨——英雄的朝鲜，为最可爱的人演出。并受到他们热诚的鼓励欢迎。

有一天晚上，我们在广场招待志愿军，我到了后台化装室，那是一间文娱活动的屋子，墙上有书报，乒乓，棋类，球类等等。当中一张长桌子是腾出来给我们化装用的，我从化装室走出来到广场的后台，舞台上面没有顶，挑挂着几道幕布，这个戏台是志愿军同志花了一夜的时间搭起来的，我再往外看，只见广场上

《雨中清唱》手稿

1954 年

21cm × 32cm

梅兰芳撰，共十页

梅兰芳纪念馆藏

中国人民赴朝慰问团徽章、纪念章

1953 年
徽章：1.4cm × 5.4cm
纪念章：3.5cm × 3.4cm
梅兰芳纪念馆藏

1953 年 10 月 4 日，中国政府派出了赴朝鲜慰问团。贺龙为总团长，梅兰芳担任副总团长。

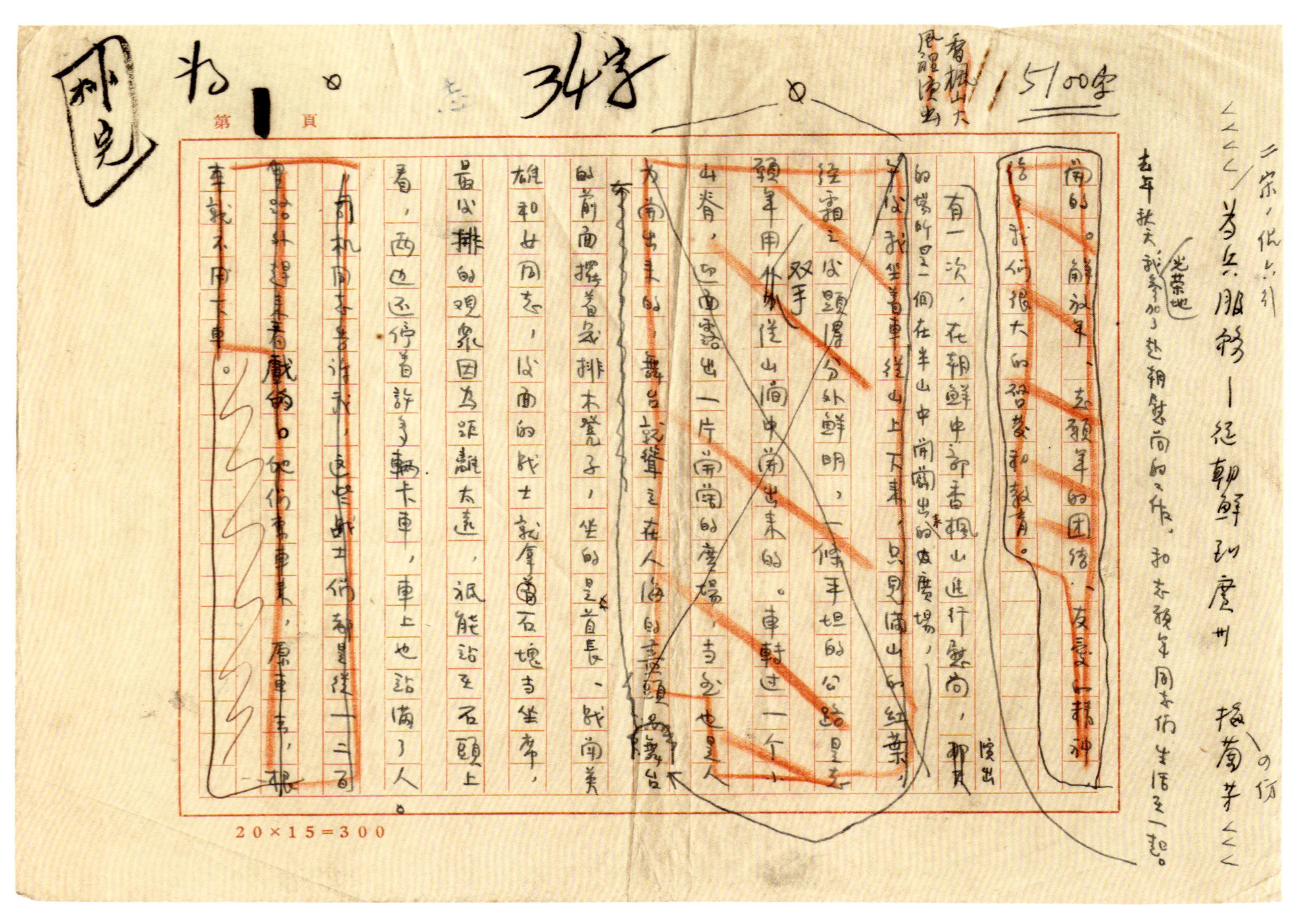

排完　为　第 1 頁　34字　香楓山大風謹演出　15100字

为兵服务——從朝鮮到廣州　梅蘭芳

去年秋天我光荣地参加了赴朝慰問的工作，和志願軍同志們生活在一起。

閘的。解放軍、志願軍的團結、友愛的精神給了我們很大的啓發和教育。

有一次，在朝鮮中部香楓山進行慰問演出，那裏的場所是一個在半山中開闢出來的廣場，我坐着車從山上下來，只見滿山的紅葉經霜之後顯得分外鮮明，一條平坦的公路是志願軍用他們雙手從山間中開出來的。車轉過一个山脊，迎面露出一片開闊的廣場，也是人為開出來的，舞台就聳立在人海的盡頭。舞台的前面擺着幾排木凳子，坐的是首長、戰鬥英雄和女同志，後面的戰士就拿着石塊當坐席，最後排的觀衆因為距離太遠，祗能站在石頭上看，西边还停着許多輛卡車，車上也站满了人。司机同志告訴我，这些战士們都是從一二百里路外趕來看戲的。他們的車是，原車去，很车就不用下车。

20×15=300

《为兵服务——从朝鲜到广州》手稿

20 世纪 50 年代

19.1cm × 26.6cm

梅兰芳撰，许姬传誊录，共二十三页

中国艺术研究院藏

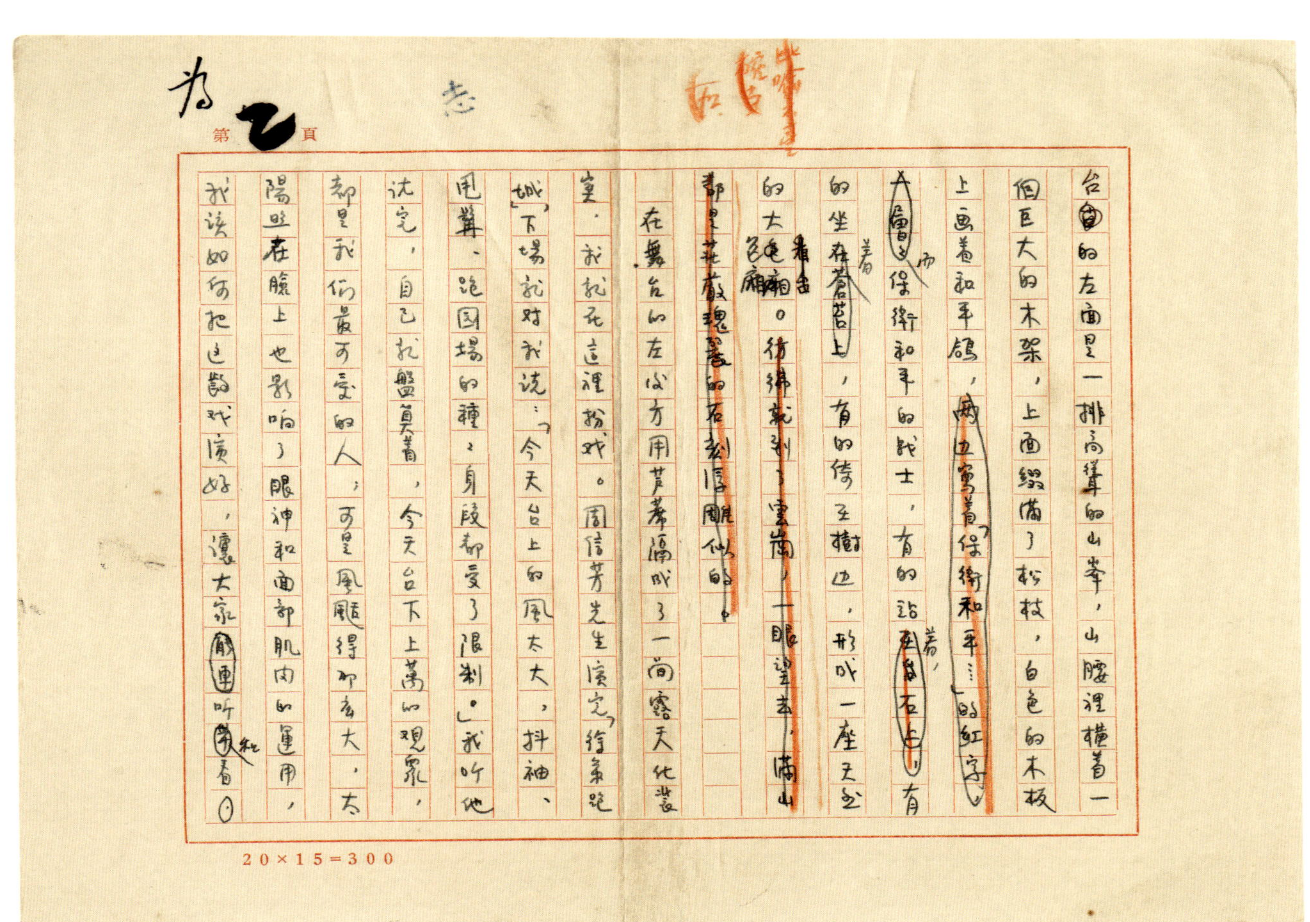

台的左面是一排高耸的山峰，山腰裡横着一個巨大的木架，上面綴满了松枝，白色的木板上画着和平鸽，两边寫着"保衛和平"的紅字，大會保衛和平的戰士，有的站在石上，有的坐在蒼苔上，有的倚在樹边，形成一座天然的大彫塑。彷彿就到了雲崗，一眼望去，满山都是莊嚴瑰麗的石刻浮雕似的。

在舞台的左後方用芦蓆搞成了一间露天化装室。我就在這裡扮戏。周信芳先生演完"徐策跑城"下場就对我說："今天台上的風太大，抖袖、甩鬚、跪园場的種種身段都受了限制。"我听他说完，自己就盤算着，今天台下上萬的觀眾，都是我們最可愛的人；可是風颳得那么大，太陽照在臉上也影响了眼神和面部肌肉的運用，我該如何把這齣戏演好，讓大家能听清看清。

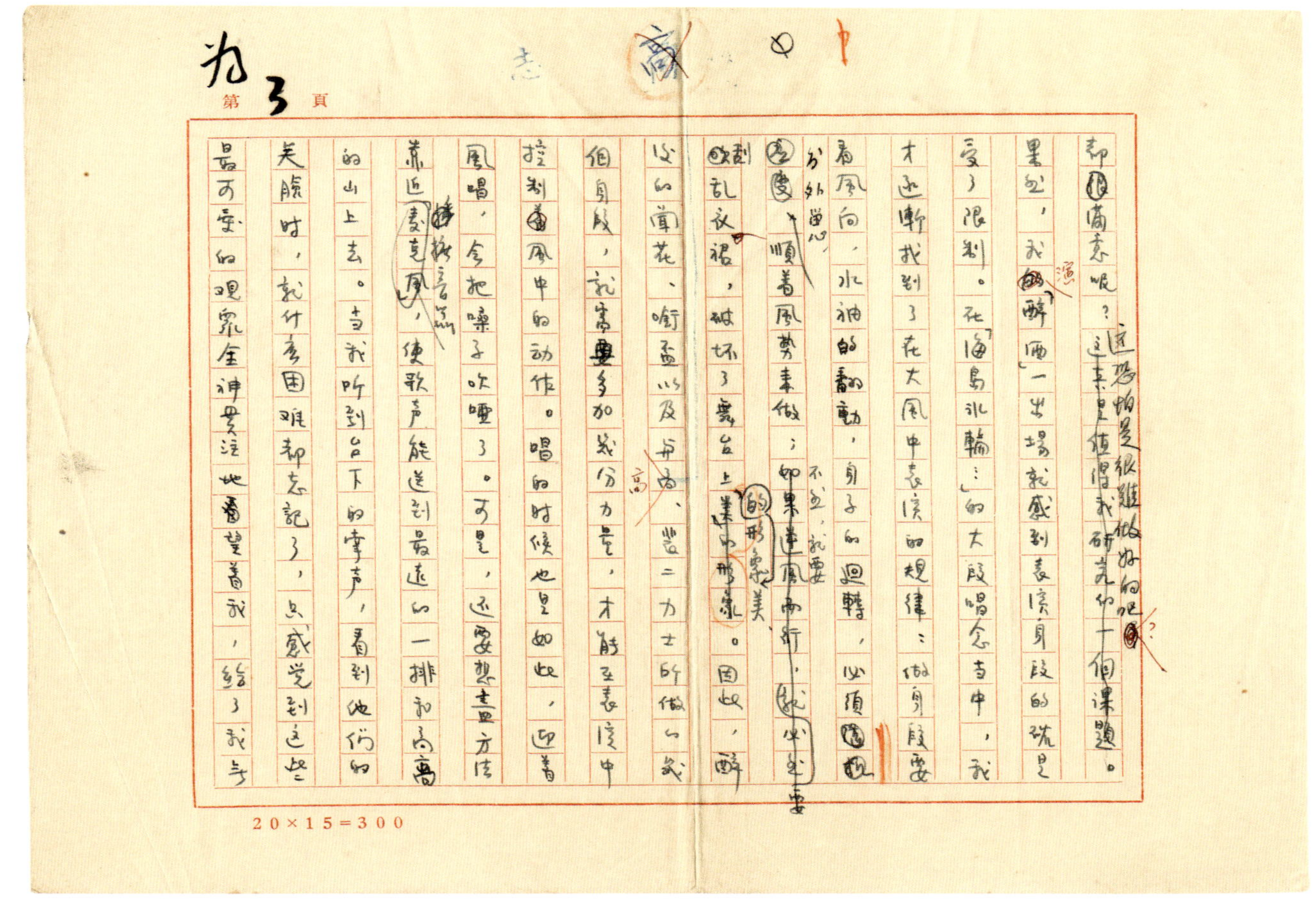

都很满意呢？這恐怕是很难做好的吧？這未是值得我研究的一個课题。果然，我的"醉酒"一出場就感到表演身段的就是受了限制。在"海島冰輪"的大段唱念当中，我才逐漸找到了在大風中表演的規律：做身段要看風向，水袖的翻動，身子的迴轉，必須分外留心，顺着風勢来做；如果逆風而行，就必要吹亂衣裙，破坏了舞台上美的形象。因此，醉以后的闻花、啣盃以及卧鱼、嘗二力士所做的戏個身段，我需要多加几分力量，才能在表演中控制着風中的动作。唱的时候也是如此，迎着風唱，会把嗓子吹哑了。可是，还要想尽方法乘逆風，使歌声能送到最远的一排和高高的山上去。当我听到台下的掌声，看到他們的笑脸时，就什么困难都忘记了，只感觉到这些最可爱的观众全神贯注地看望着我，给了我无

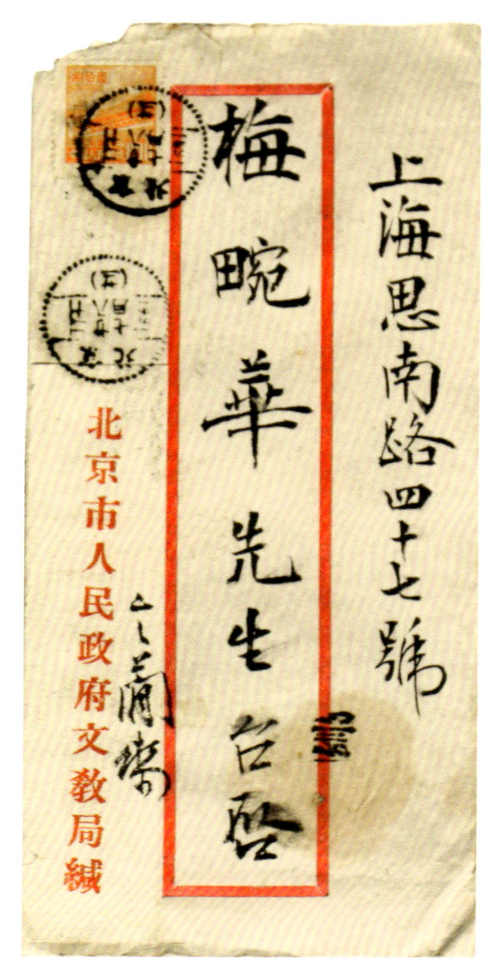

上海思南路四十七號

梅畹華先生台啓

北京市人民政府文教局緘

言簡齋

言简斋致梅兰芳书信

1951 年

信封：高 20.3cm，宽 9.8cm

内页：长 26cm，宽 18cm

信封一页，信文共两页

梅兰芳纪念馆藏

信中提及梅兰芳“响应捐献飞机大炮”一事。

北京市人民政府文教局公用箋

畹華先生惠鑒：日前奉誦
復書，敬悉
健康已漸恢復，至深
台端慶祝"七一"節講話及"我在漢口演出的情況"
兩篇重要文件，均於報端先後獲讀，並皆抓住
要點，應有盡有，羣流傾服，自不待言。近更諗
在響應捐獻飛機大砲運動之下，迭次為聯合
義演，實現愛國主義精神，增加藝術家

北京市人民政府文教局公用箋

藝術價值。葆玥、葆玖兩同志亦皆聯袂興起
義演建場，此等好消息，遠道聞之，真為之距
躍三百而未有已也。是溽暑時期，
賢勞備至，宜加珍衛，幸勿遺忘，良晤匪遙，倍
增歡盼。專致
敬禮，並祝
梅夫人近祺

[illegible]
七、廿八

附呈周揚副部長談演文件一紙，最近見報，
台端想亦已閱及，借備參存耳。

为公

梅氏缀玉轩世藏脸谱

明

纸本设色

28cm × 23cm

佚名

中国艺术研究院藏

昇平署戏装扮相谱

清

27cm × 22cm

绢本设色

中国艺术研究院藏

朱漆描金云龙纹埙

清
通高 8.5cm，腹径 6.5cm
梅兰芳旧藏，陶胎朱漆描金
中国艺术研究院藏

八角鼓

清

鼓面直径 16cm，高 5cm

梅兰芳旧藏

中国艺术研究院藏

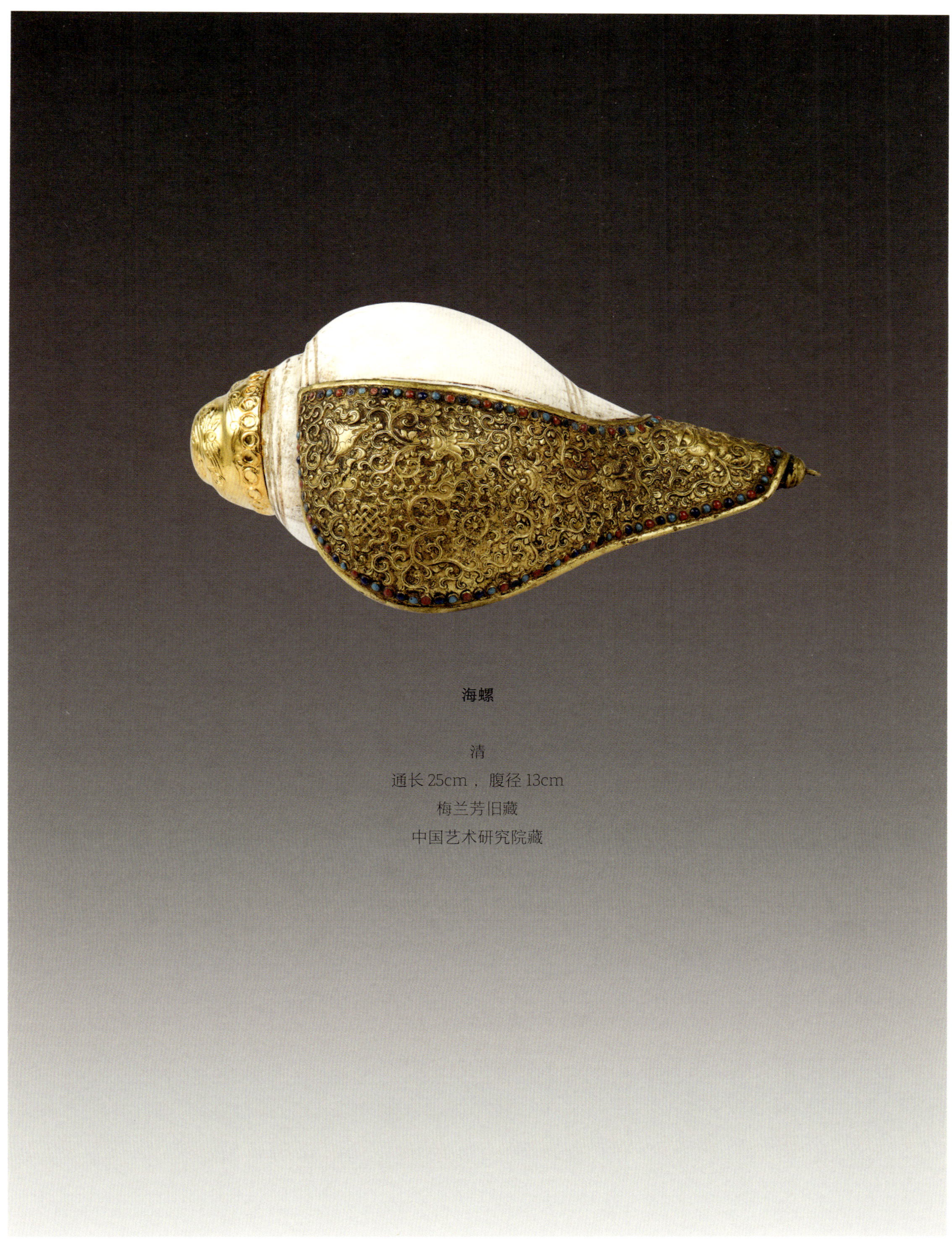

海螺

清
通长 25cm ，腹径 13cm
梅兰芳旧藏
中国艺术研究院藏

冬字锣

清

整体：90cm × 72cm × 4cm；锣面：直径 52cm；锣边：高 11cm；栓长：40cm

梅兰芳旧藏

中国艺术研究院藏

“苍海龙”琴

1915 年

通长：123cm，隐间：113.5cm，额宽：22cm，肩宽：22.5cm，尾宽：14cm，厚：3.8cm

杨宗稷斫，梅兰芳旧藏

中国艺术研究院藏

绿缎绣平金团龙云纹女蟒

清

肩袖通长 220cm，衣长 120cm

中国艺术研究院藏

白缎平金绣网纹地二龙戏珠男靠

清

肩袖通长 169cm，衣长 150cm；下甲腰围 78cm，长 90cm

中国艺术研究院藏

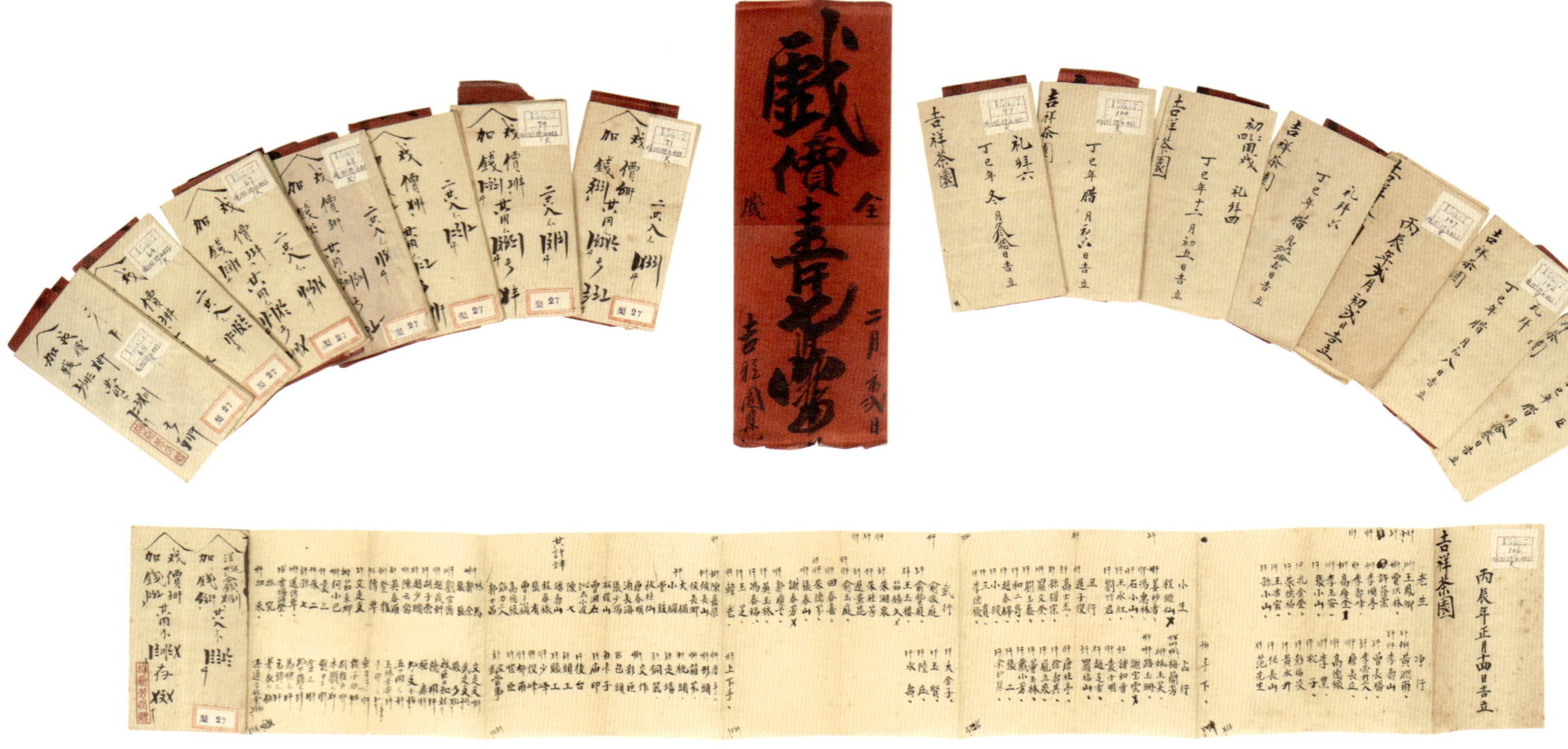

演戏卡子

民国时期

经折装 13.5cm × 8cm

梅兰芳捐赠，一函五十册

中国艺术研究院藏

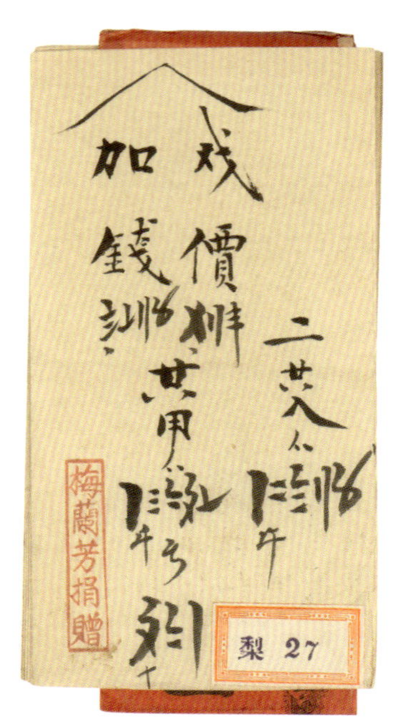

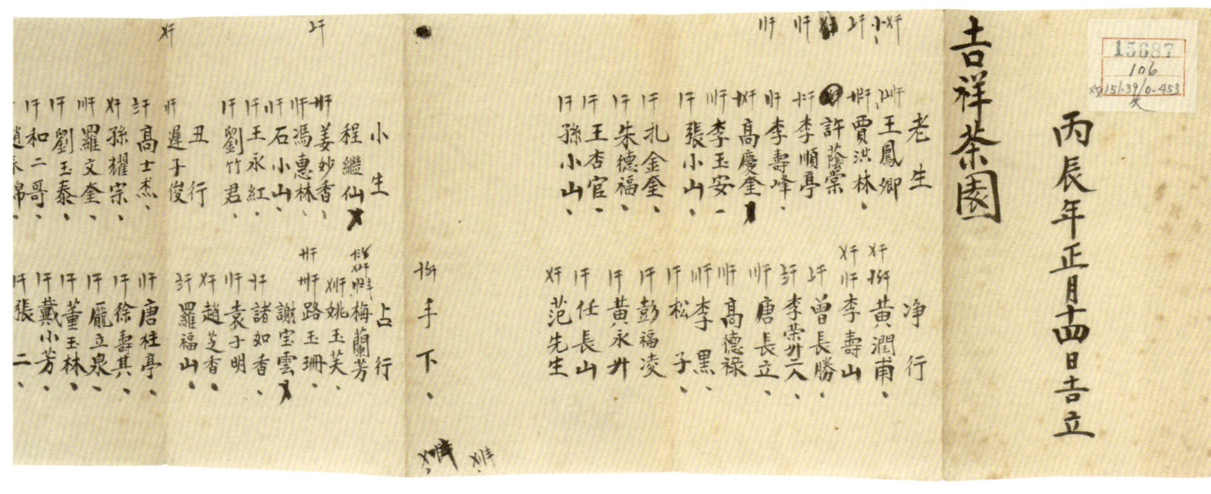

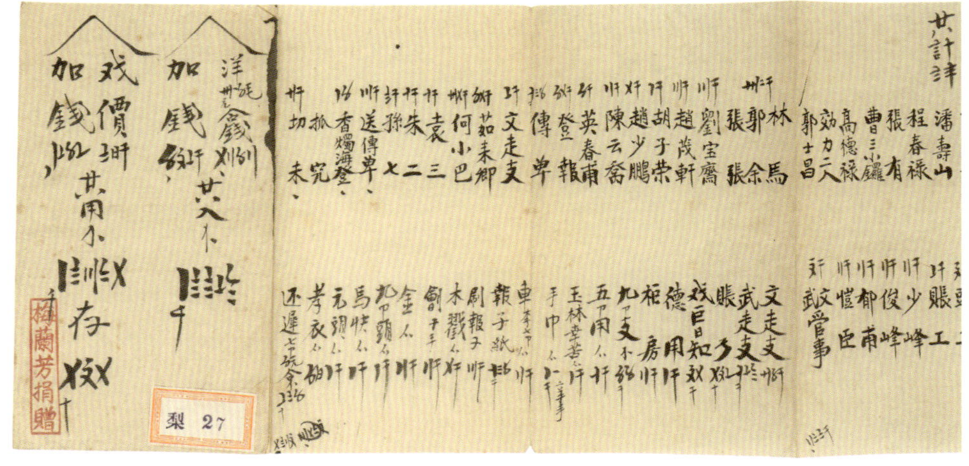

《缀玉轩藏曲志》

1934 年

26.3cm × 15.3cm

傅惜华编撰，一函十二册

中国艺术研究院藏

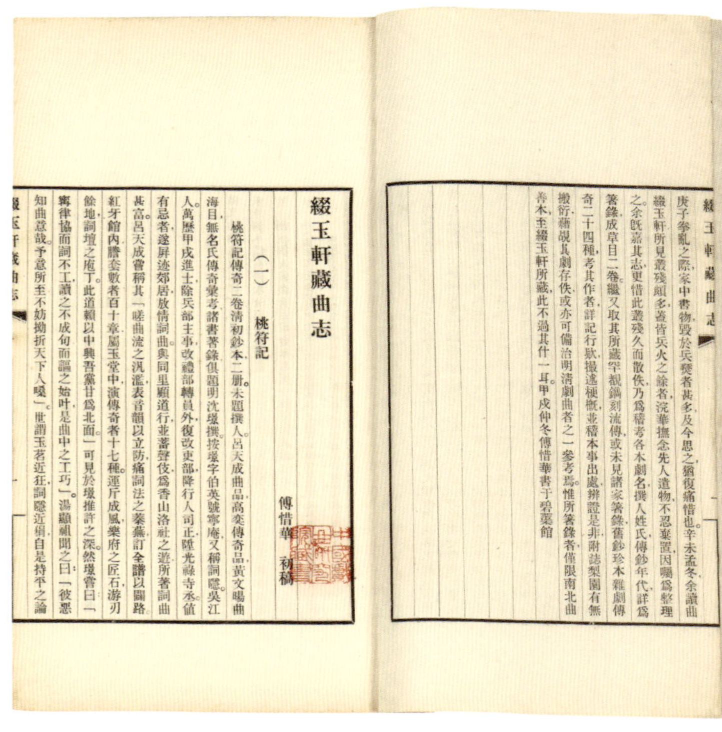

世界上一切學術所繇存在皆賴於學者本身爲不斷之研
究精密之攺良以中國固有戲劇言百年以來風靡一世者
及至晚近日漸衰微矩矱散亂寖失舊觀蘭芳前歲薄游美
洲親見彼邦宿學通人對吾國舊劇之藝術有縝密之追求
瀰切之讚歎愈信國劇本體固有美善之質而謹嚴整理之
責任愈在我劇界同人一年之間各校對於國劇研求旣已
異乎舊時之觀念叔岩年來閉門勤加探討以爲劇藝之精
微博大茍非親傳廣益終必至於襲貌遺神漸趨淪落發揚
光大之舉尤以爲不可或緩集議旣同願及斯時有所自效
唯以二人學識短淺志而未逮故謹邀集數君子助以機緣
許以通力合作禮延海內賢豪劇壇耆宿爲國劇學會之組
織並𢇁設國劇傳習所爲有志學國劇而未知門徑者之講
肄機關一切辦法另詳簡章自忘謭陋願效前驅所冀以轉
移風俗探求藝術之工具收發揚文化補助教育之事功區
區苦衷惟我國人共賜諒鑒

梅蘭芳
余叔岩　同啟

《梅兰芳与余叔岩同启声明》

20 世纪 30 年代

30cm × 33.5cm

梅兰芳旧藏

中国艺术研究院藏

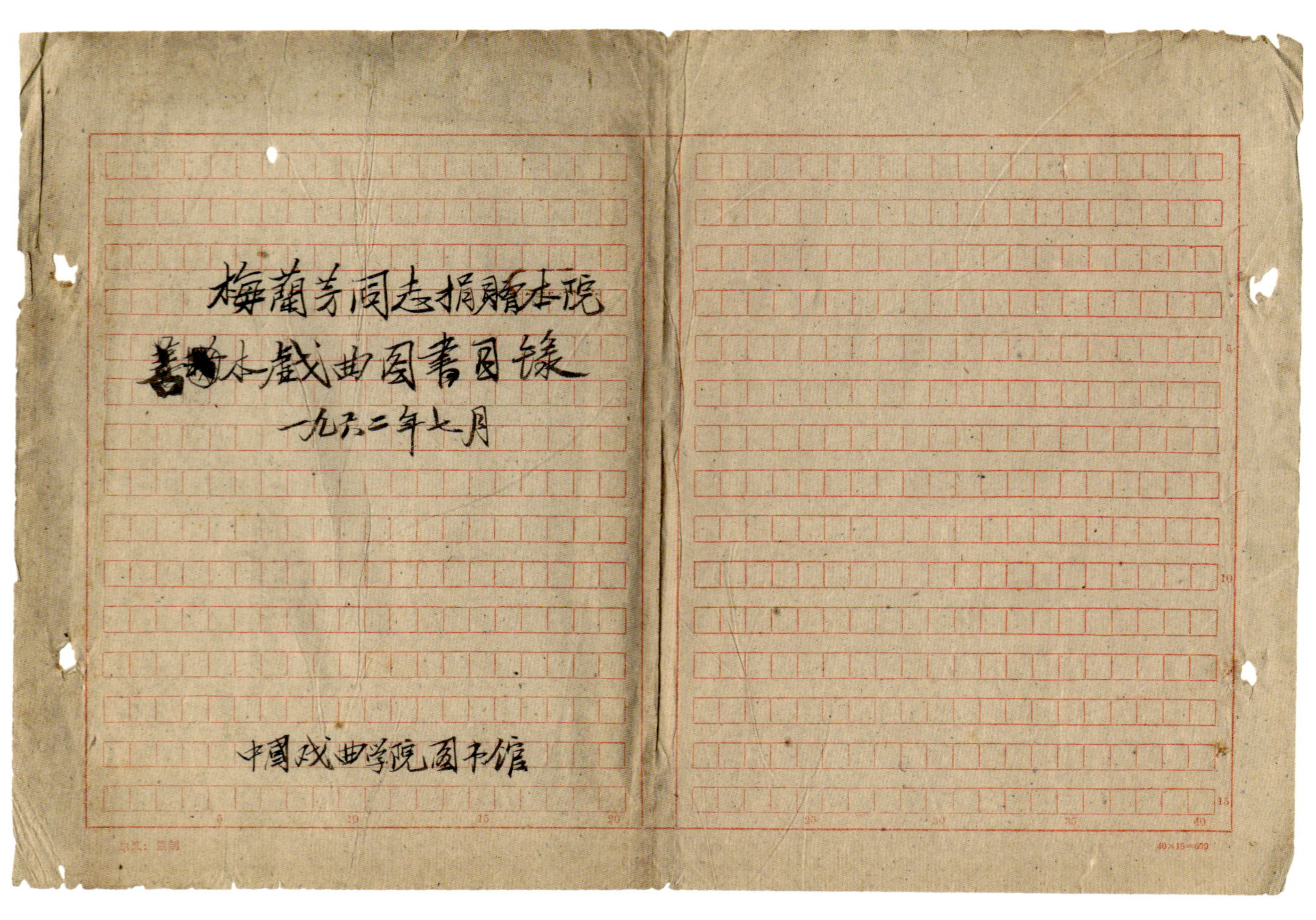
梅蘭芳同志捐贈本院
善本戲曲圖書目錄
一九六二年七月
中國戏曲学院圖书館

《梅兰芳捐赠善本戏曲图书目录》手稿

1962 年
26.5cm × 19.2cm
共五十页
中国艺术研究院藏

前言

一、本目録所注録的善本图书，均由梅兰芳同志捐赠本院的图书内所選出。

一、十分之九为剧本，只有少数提纲及曲韵，故著録次序为：南北曲類、京剧類、地方剧類。南北曲類包括总本选出曲谱等。剧本多系老伶員遺留的抄本及梅兰芳演出之本，所以每项著録首为抄本，次为刻本。

一、昇平署剧本虽为当时伶員之演出本，但其内容有的与一般流行本不同，故另集为一处，定昇平署剧本一目，以便參檢。

一、本目録每书著録：首书名，次卷数，再次年代版刻，最後為索书号。

一、本目録所选善本中，如有不当之处，希同志们予以匡正！

中国戏曲研究院图书馆

1962年7月

軒轅鏡傳奇二十五出	清朱佐朝撰	綴玉軒紅格鈔本	1冊	文呈戏140·61/0.135
聚宝盆傳奇三十出	清朱㿥撰	綴玉軒覆鈔金匱陳氏鈔本		文呈戏140·61/0.156
十全福六本四十四出	清不著撰人	陳金雀鈔本	6冊	文呈戏140·61/0.180
海屋添筹	清不著撰人	清舊鈔本	1冊	文呈戏140·61/0.180
珍珠塔四本	清不著撰人	清舊鈔本	4冊	文呈戏140·61/0.124
碧玉釧傳奇八出	清無名氏撰	清舊鈔本	1冊	文呈戏140·61/0.124
報恩緣傳奇二卷三十三出	清沈起凤撰	綴玉軒紅格鈔本	2冊	文呈戏140·61/0.207
臨潼会傳奇二十二出	不著撰人	綴玉軒紅格鈔本	1冊	文呈戏140·61/0.210
乾坤鞘传奇二十八出	清朱佐朝撰	綴玉軒紅格鈔本	1冊	文呈戏140·61/0.235
朝阳凤传奇二十六出	清朱㿥撰	綴玉軒紅格鈔本	1冊	文呈戏140·61/0.235
梅玉配傳奇三十二出	清不著撰人	清舊鈔本	4冊	文呈戏140·61/0.277
平齡会頭本十二出	〃	清舊鈔本	1冊	文呈戏140·61/0.343
百子图傳奇二十五出	〃	綴玉軒紅格鈔本	1冊	文呈戏140·61/0.347
眾中福存十一折	〃	清舊鈔本	1冊	文呈戏140·61/0.428
景園記傳奇三十六出	〃	綴玉軒覆鈔清雍正（1723年）鈔本	1冊	文呈戏140·61/0.466
四大庆四卷	清不著撰人	綴玉軒鈔本	4冊	文呈戏140·61/0.484
蓮花会傳奇二十五出	〃	綴玉軒鈔本	1冊	文呈戏140·61/0.502
萬珠袍傳奇二卷三十四出	〃	綴玉軒紅格鈔本	2冊	文呈戏140·61/0.522
落金扇傳奇二十四出	〃	綴玉軒景鈔金匱陳氏鈔本	1冊	文呈戏140·61/0.528
鸞微照傳奇存卷二—八	〃	清舊鈔本	7冊	文呈戏140·61/0.581
幽閨传奇二十五出	明不著撰人	綴玉軒紅格鈔本	1冊	文呈戏140·61/0.598
小金錢传奇三十八出	清不著撰人	清乾嘉间鈔本	2冊	文呈戏140·61/0.598
麒麟傳奇二十六出	明張午山撰	綴玉軒覆鈔金匱陳氏鈔本		文呈戏140·61/0.669
宜男佩傳奇三十二出	清不著撰人	〃	2冊	文呈戏140·61/0.700
粉妝樓五卷	〃	綴玉軒紅格鈔本	5冊	文呈戏140·61/0.760
千祥記傳奇二十一出	明無心子撰	綴玉軒紅格鈔本	1冊	文呈戏140·61/0.780
千祥記傳奇三十出	明無心子撰	綴玉軒覆鈔清康熙六十一（1722）年芸暉堂鈔本	1冊	文呈戏140·61/0.781
千秋鑑傳奇三十七出	清不著撰人	綴玉軒紅格鈔本	2冊	文呈戏140·61/0.781
風流配傳奇三十一出	清雀蒼子撰	綴玉軒覆鈔金匱陳氏鈔本	1冊	文呈戏140·61/0.823
風奇緣傳奇存十三折	清不著撰人	清舊鈔本	1冊	文呈戏140·61/0.823

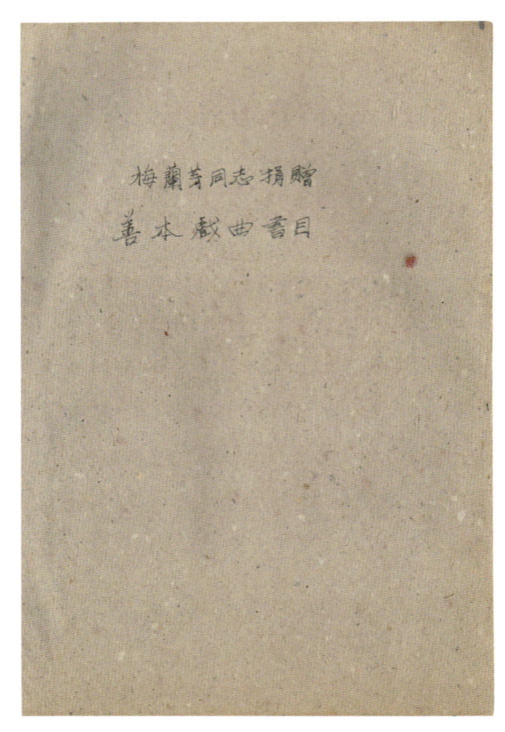

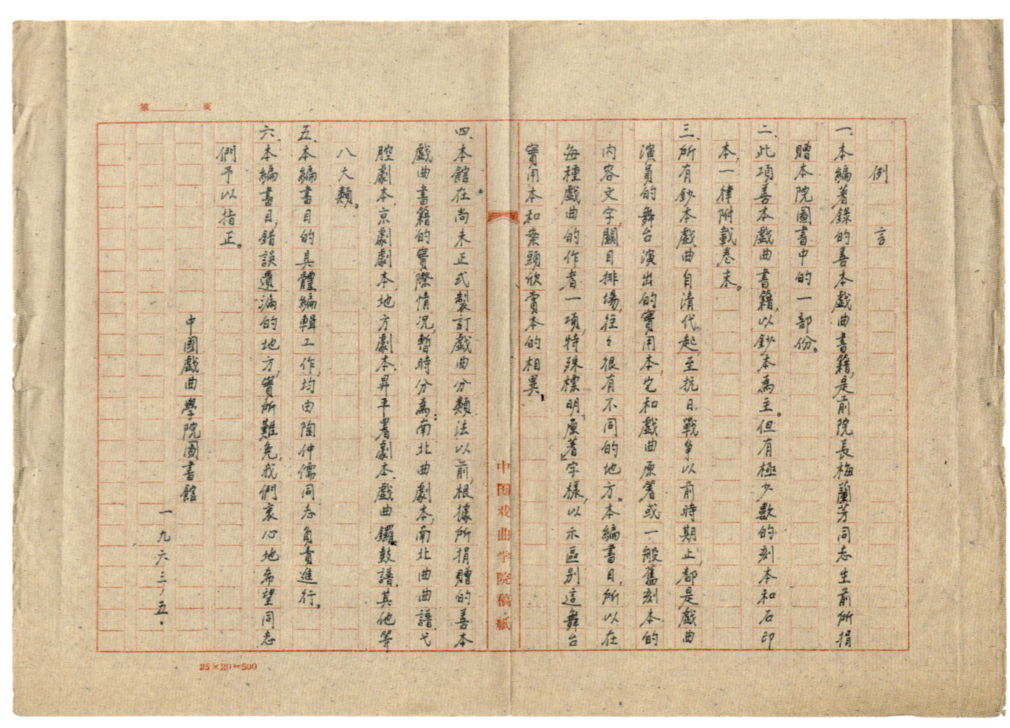

例言

一、本編著錄的善本戲曲書籍，是前院長梅蘭芳同志生前所捐贈本院圖書中的一部份。

二、此項善本戲曲書籍，以鈔本為主。但有極少數的刻本和石印本，一律附載卷末。

三、所有鈔本戲曲自清代起，至抗日戰爭以前時期止，都是戲曲演員的舞台演出的實用本，它和戲曲原著或一般舊刻本的內容文字，關目排場，往往很有不同的地方。本編書目，所以在每種戲曲的作者一項，特殊標明「原著」字樣，以示區別這舞台實用本和案頭欣賞本的相異。

四、本館在尚未正式製訂戲曲分類法以前，根據所捐贈的善本戲曲書籍的實際情況，暫時分為：南北曲劇本，南北曲曲譜，弋腔劇本，京劇劇本，地方劇本，昇平署劇本，戲曲鑼鼓譜，其他等八大類。

五、本編書目的具體編輯工作，均由陶仲儒同志負責進行。

六、本編書目，錯誤遺漏的地方，實所難免，我們衷心地希望同志們予以指正。

中國戲曲學院圖書館

一九六三，五。

第　頁　中国戏曲学院稿纸　25×20=500

《梅兰芳捐赠善本戏曲书目》

1961—1963 年

26cm × 19cm

共三册八十四页，其中两册为手写稿，一册为印刷稿

中国艺术研究院藏

第 1 頁

南北曲劇本類

總本之屬

琵琶記傳奇(尾殘) 元高明原著 清鈔本 一冊 文呈 戏140·61/645·4

荆釵記(傳奇)上卷廿五出 元柯丹邱原著 清道光十八年(1838)金匱陈氏鈔本 一冊 文呈 戏140·61/834·2

幽閨記傳奇廿五出 元施惠原著 綴玉軒鈔本 一冊 文呈 戏140·61/0·598

香囊記傳奇二十四出 明邵璨原著 綴玉軒鈔本 一冊 文呈 戏140·61/329·1

双珠記傳奇二卷三十八出 明沈鯨原著 清康雍间鈔本 一冊 文呈 戏140·61/745·7

鮫綃記(傳奇)二卷三十出 明沈鯨原著 綴玉軒鈔本 一冊 文呈 戏140·61/746·9

舉鼎記(傳奇)廿三出 不著撰人 清乾隆間鈔本 一冊 文呈 戏140·61/882·7

40×15=600

还带記傳奇三十五出 明沈采原著 綴玉軒鈔本 一冊 文呈 戏140·61/746·8

五福星(傳奇)二卷三十一出 明郑若庸原著 綴玉軒鈔本 一冊 文呈 戏140·61/979·5

連环記：梳粧．擲戟 明王濟原著 綴玉軒鈔本 一冊 工呈 戏140·66/720·4

南西廂記：佳期．拷紅 明李日华原著 綴玉軒鈔本 一冊 工呈 戏140·66/0·236

紫玉釵傳奇二十九出 明湯顯祖原著 綴玉軒鈔本 一冊 文呈 戏140·61/736·4

牡丹亭：圓駕 明湯顯祖原著 清道光元年(1821)永寿鈔本 一冊 文呈 戏140·66/736·4

南柯記：花报 明湯顯祖原著 清光緒廿三年(1897)年鈔本 一冊 文呈 戏140·66/736·4

南柯記：瑶台 明湯顯祖原著 清乾隆二十年

中国戏曲學院印制

第 2 頁

(1755)愛毓堂鈔本 一冊 工呈 戏140·66/0·736

桃符記傳奇二卷二十七出 明沈璟原著 清初鈔本 二冊 文呈 戏140·61/746·2-2

天書記傳奇四十出 明汪廷訥原著 綴玉軒据清乾隆十四年(1749)鈔本过錄 一冊 文呈 戏140·61/711·8

獅吼記四出 明汪廷訥原著 清内府五色鈔本 一冊 文呈 戏140·61/711·8

紅梨記：賞灯 明徐復祚原著 清曹文瀾鈔本 一冊 工呈 戏140·66/951·9

玉簪記：琴挑．問病．偷詩 明高濂原著 綴玉軒鈔本 二冊 工呈 戏140·66/654·7

玉簪記：琴挑．偷詩 明高濂原著 百舍齋鈔本 一冊 文呈 戏140·61/0·100

麒麟(罽)傳奇廿六出 明張四維原著 綴玉軒据金匱陈氏旧藏清康熙十一年(1672)鈔本过錄 文呈 戏140·61/0·669

40×15=600

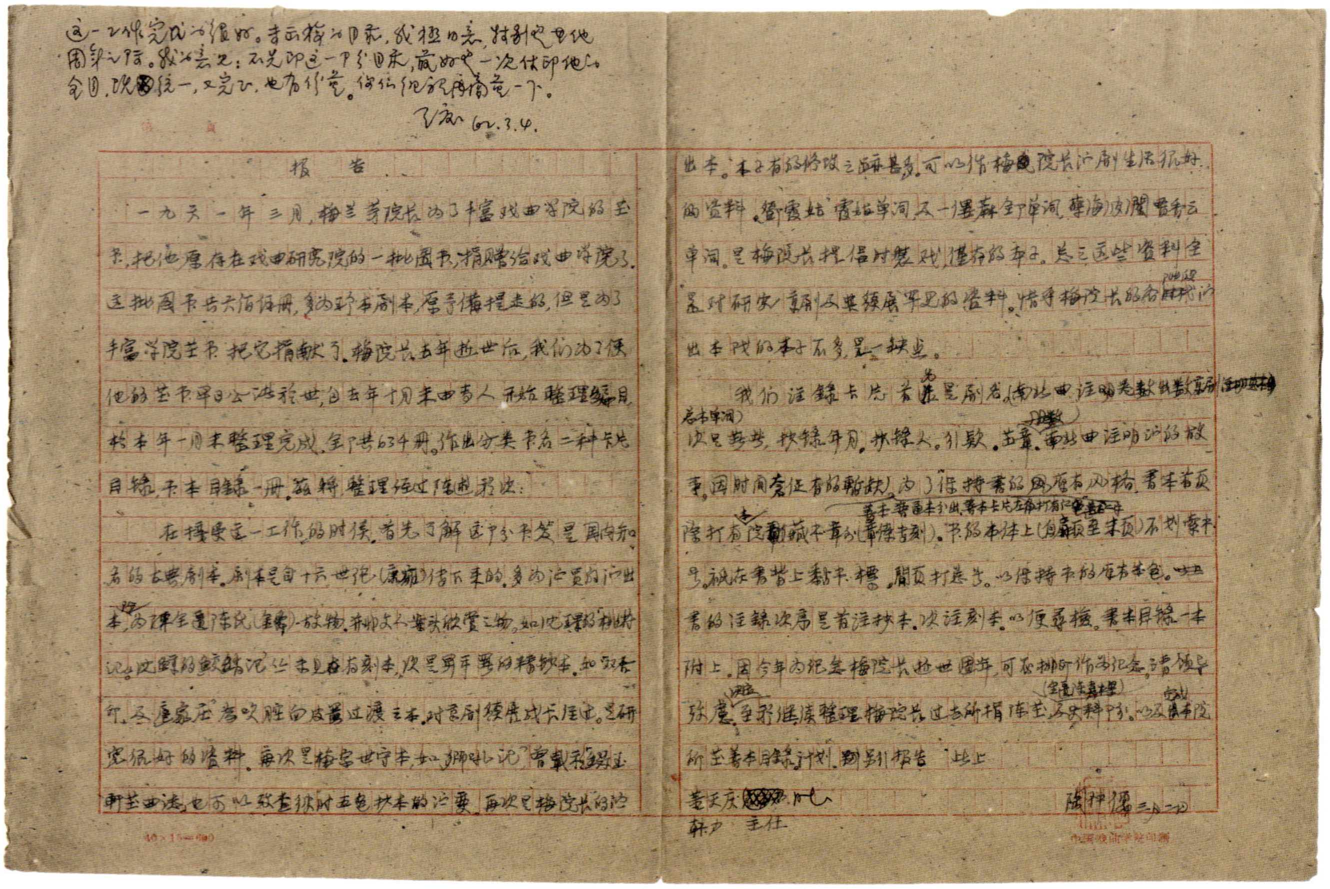

《捐赠善本戏曲书目报告》手稿

1962 年

尺寸不一

共十四页

中国艺术研究院藏

中国戏曲研究院（中国艺术研究院前身）接收、整理梅兰芳捐赠善本戏曲书目报告，并附张庚批示。

报告

我院存有稀有图书剧本不少，惟以未加深入续整理，致许多遗产未能发现应用。现如李玉的《连城璧》五出，最近发现于此，研究戏曲史上应用。现为整理梅兰芳、程砚秋之藏书，拟以全力，对全院所存善本书作一彻底的清理，作出目录，为戏曲推陈出新、古为今用方针，为社会主义戏曲事业服务。兹将整理计划及步骤列后

一、学院善本书的几个来源

我院善本戏曲书的来源，共分数户，①戏曲研究院的旧藏，购自大宅而来太监旧藏南府昇平署钞本共五百余册，戏曲改进局旧藏车王府剧本，历年购入的刻本。②梅院长藏剧本，已编目的有戏曲抄本及缀玉轩剧本集存，尚未编目的昇平署档案史料。梅院长的旧藏陈嘉梁藏钞本戏曲（即有名的陈藏）。③程副院长捐赠的南府钞本戏曲，地方剧的原剧本，怀宁曹氏藏曲（即有名的曹藏）已作初步的整理，作出草目。④杜颖陶先生捐赠本院的戏曲，已编目尚未抽送。⑤齐如山捐赠本院的戏曲刊本，已初步著录写出草目，尚未作卡片编目。以上为我院善本书的五种来源。

二、整理顺序首先整理齐藏

整理顺序首先整理齐藏，该批图书共四千余册，已作初步著录，尚存有草片，现作编目卡片打印工作，约六月底可以完成。要求院长尊重书主以编目为我院书库，拟此批图书宜首先与群众见面，借作研究。

三、继续整理梅藏

梅院长所藏昇平署档案为近代戏曲史研究的最好资料，亟须详为整理编目，以便最好的利用。陈嘉梁的藏曲，海内知名，该藏于一九三一年在北平由陈家接售于梅程二位院长，梅院长的部分当时归国剧学会，程院长的部分归中华戏曲音乐院，程院的部分经杜颖陶整理出版了《玉霜簃藏曲目录》，但未作再加整理，现存于程宅。梅院长的部分经傅惜华选出一部分，写有《缀玉轩藏曲志》，但下部分现存于我院。该批剧本究竟内中有多少戏曲遗产，现在无从断定，且年代久远，稍一翻动，即成碎片，必须为了彻底了解，必须先行予以注意，然后装裱，再编目，方成完璧。

四、曹藏的编目

曹氏怀宁曹氏藏曲，与金匮陈氏藏曲，为海内藏曲的双璧。郑振铎生前曾以未观全豹为憾。该批剧本共约二千册（据杜颖陶《玉霜簃藏曲提要》），1936年将其中七十种售让与上海商务印书馆涵芬楼。现余者为此批未作读曲丛刊，现该批书存于北京图书馆善本中，约五百册左右售与中华戏曲音乐院，于一九五二年程院长捐献指归我院。我院藏书馆对此批书籍已作初步整理，印有编目作卡片可应用。至于该批书籍质量，须经详细考核，才能作出全面介绍。

五、善本的提要及加印装帧

我院过去对善本书，有的提要未能详加提取，有的著录不够详尽。故以上三步整理完毕之后，尚须将库中存书详加检查注录，作出卡片目录，以便进而作出我院全部院藏善本目录。

该项工作如时间充沛，有一个助手，本年第一季度可以完成。否则第三季完成亦可无甚问题，如何之处请领导核示！

陶仲偃
62.3.5日

使命新生

“使命新生”篇章由“家长”“团长”“院长”三个部分组成。

梅兰芳是京剧表演艺术家，他最重要的成就是在舞台表演艺术领域。他创造了一系列个性鲜明、端庄雅秀的舞台艺术形象，娇俏柔媚的少女、英勇飒爽的女英雄、清灵飘逸的神女、含悲装疯的宦门小姐、抑郁醉酒的深宫贵妃等，各具情态、各有丰彩。这些人物给人以难忘的美感，令观众深印心扉，挥之不去。梅兰芳一生演绎的角色与其自身的人格风范交相叠映，形成独具个性特征的梅派艺术，他对角色不断地琢磨升华，追求高度洗练、中正平和的分寸感，在表演艺术实践中展现出清醒、自觉的自我风格建构。

梅兰芳不仅是一名优秀的艺术家，更是肩负文化使命的人民艺术家。20 世纪 50 年代初，他回到北京，定居北京西城区护国寺街 9 号，在这里见证了从旧社会奔向新中国的社会变迁，更迎来人生与艺术的“新生”。随着全国戏曲改革工作的筹备和推进，梅兰芳和他的艺术同行，积极投身于新中国文化艺术事业中，排演了众多人民群众喜闻乐见的剧目，将优秀的戏曲经典带到了全国各地。1951 年 3 月，为筹备建立中国戏曲研究院（中国艺术研究院前身），梅兰芳请毛泽东主席题词“百花齐放，推陈出新”，同时题写“中国戏曲研究院”院名。同年 4 月 3 日，中国戏曲研究院成立，梅兰芳受命担任院长。1955 年 1 月，中国京剧院（国家京剧院前身）成立，梅兰芳担任首任院长。面对新中国赋予的新使命，他在戏曲改革、人才培养、理论研究等方面都做出了重要的贡献。梅兰芳是时代的楷模，1959 年，他光荣地宣誓加入中国共产党，从一代戏曲宗师真正成为时代的“最美劳动者”。

家长

肖像照瓷板画

年代不详
80cm × 44.5cm
中国艺术研究院藏

练功照（一组）

梅兰芳在家中练功

传艺照

梅兰芳指导儿子梅葆玖吊嗓子

梅兰芳与子女同台演出

上：《白蛇传·断桥》梅兰芳饰白蛇（中）、梅葆玖饰青蛇（左）（1955 年）
下：《游园惊梦》梅兰芳饰杜丽娘（中）、梅葆玖饰春香（左）、梅葆玥饰丫鬟（右）（1955 年赴日回国后汇报演出）

家庭生活照（一组）

1954 年，梅兰芳与夫人福芝芳合影

上：梅兰芳全家合影（前排右起：梅兰芳、梅葆玖、福芝芳、梅葆玥；后排右起：梅葆琛、梅绍武）

左下：梅兰芳与家人在一起

右下：梅兰芳与女儿梅葆玥在一起研究剧本

回乡省亲照

1956 年，福芝芳（左）、梅兰芳（中）、梅葆玖（右）回泰州省亲

回乡祭祖照

1956 年，梅兰芳（左四）与夫人福芝芳（左二）、儿子梅葆玖（左三）回泰州扫祭梅氏祖墓

团长

在南京演出戏单（一组）

1956 年

10cm × 18cm

梅兰芳剧团在宁（南京）演出戏单，共十五册

中国艺术研究院藏

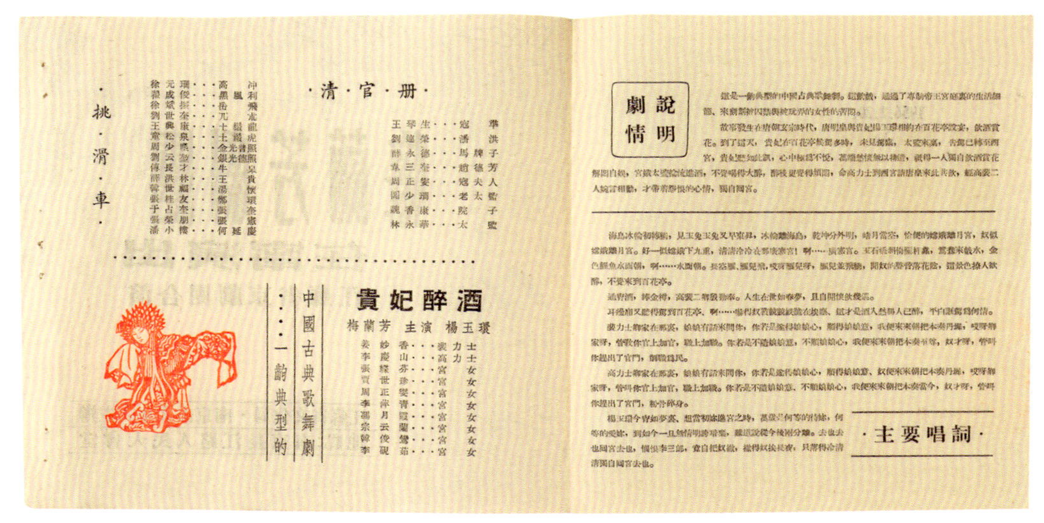

·挑·滑·車·

·清·官·册·

貴妃醉酒

梅蘭芳 主演 楊玉環

中國古典歌舞劇

……一齣典型的

劇情說明

這是一齣典型的中國古典歌舞劇。這齣戲，通過了專制帝王宮庭裏的生活細節，來刻劃被囚禁與被玩弄的女性的苦悶。

故事發生在唐朝玄宗時代，唐明皇與貴妃楊玉環相約在百花亭設宴，飲酒賞花。到了這天，貴妃在百花亭候駕多時，未見駕臨，太監來報，告駕已轉至西宮，貴妃聞知此訊，心中極爲不快，萬端愁緒無以排遣，祇得一人獨自飲酒賞花解悶自娛，宮娥太監輪流進酒，不覺喝得大醉，醉後更覺得煩悶，命高力士到西宮請唐皇來此共飲，經高裴二人婉言相勸，才帶着怨恨的心情，獨自回宮。

·主要唱詞·

《穆桂英挂帅》剧照

1959 年

穆

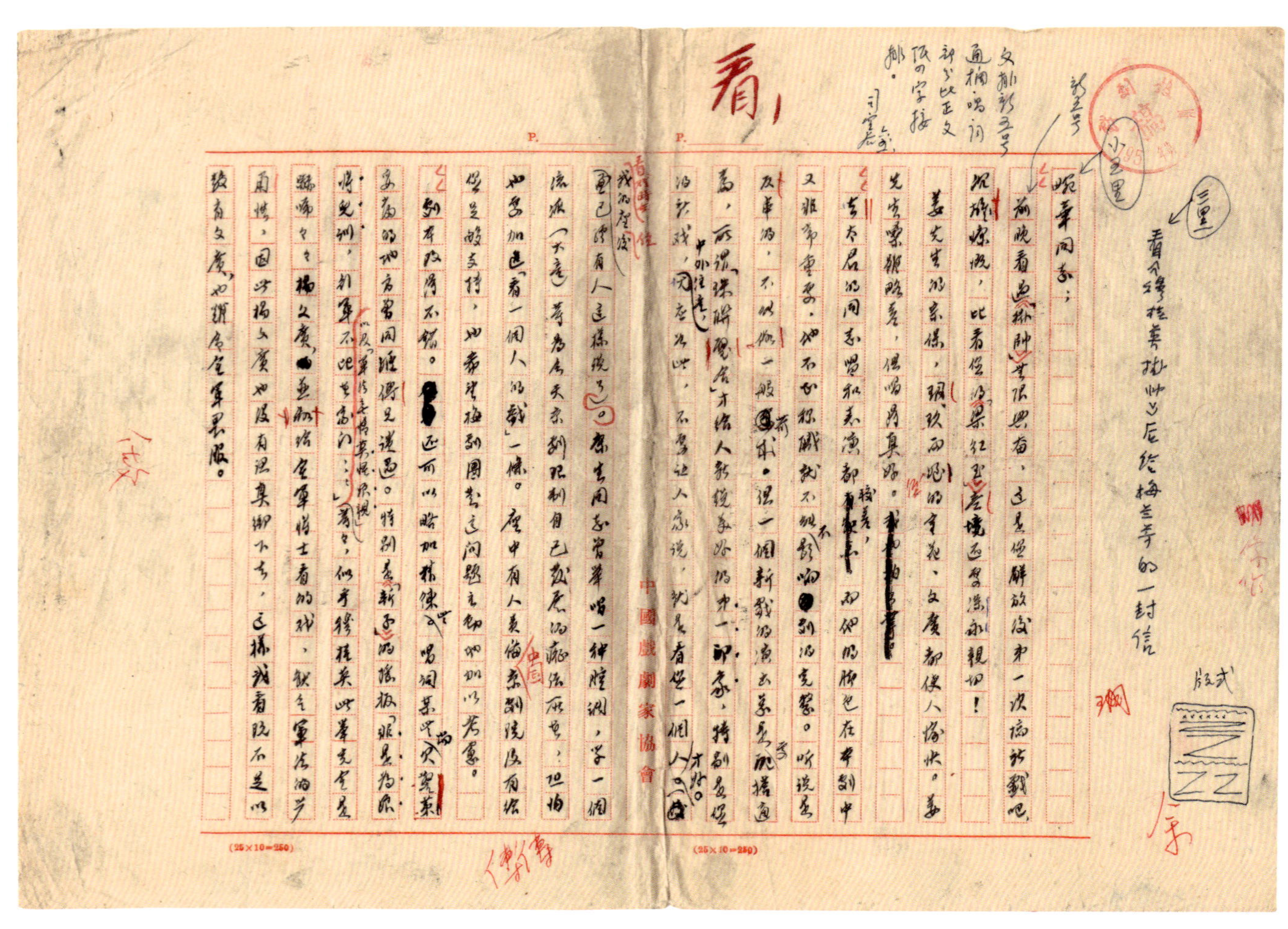

看《穆桂英挂帅》后给梅兰芳的一封信

畹华同志：

中國戲劇家協會

(25×10=250)

《看〈穆桂英挂帅〉后给梅兰芳的一封信》

1959 年

26.5cm × 36.5cm

田汉手稿，共三页

中国艺术研究院藏

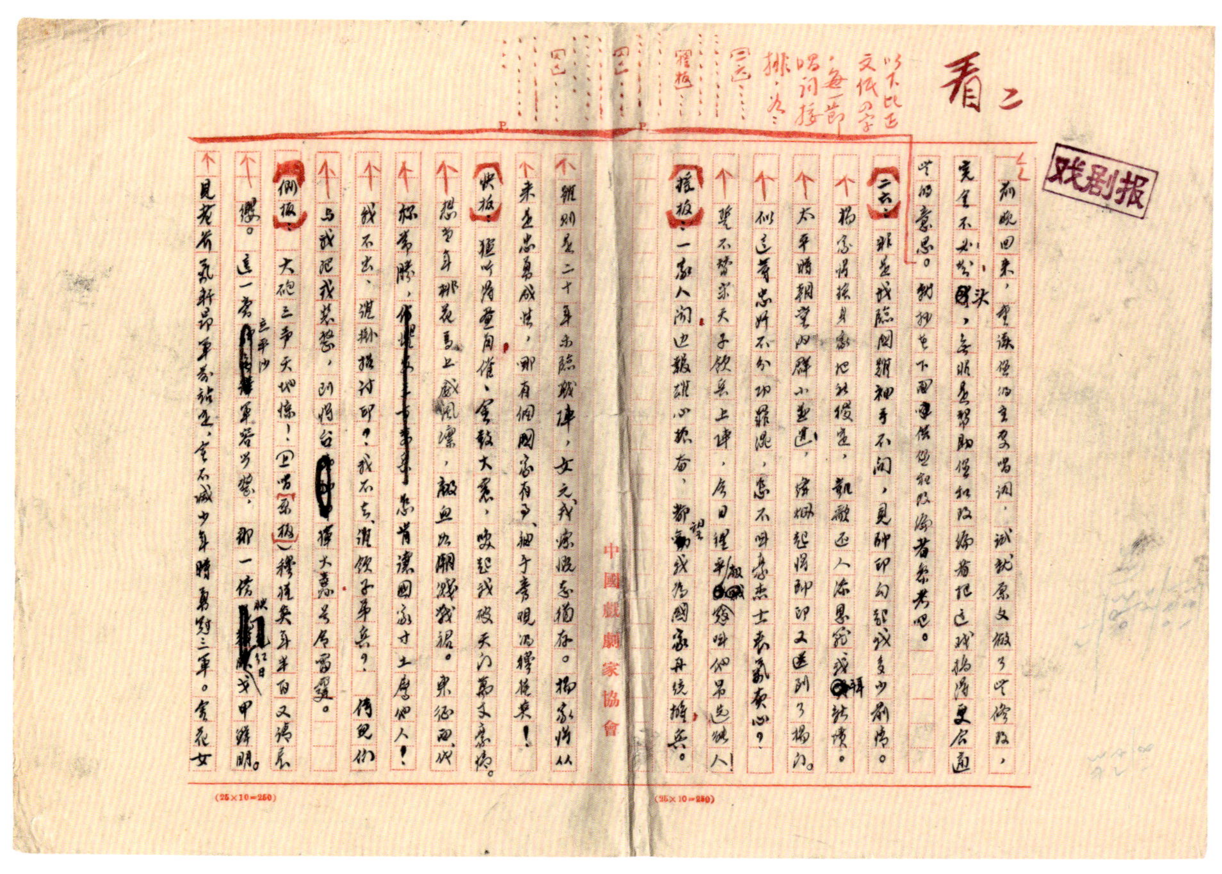

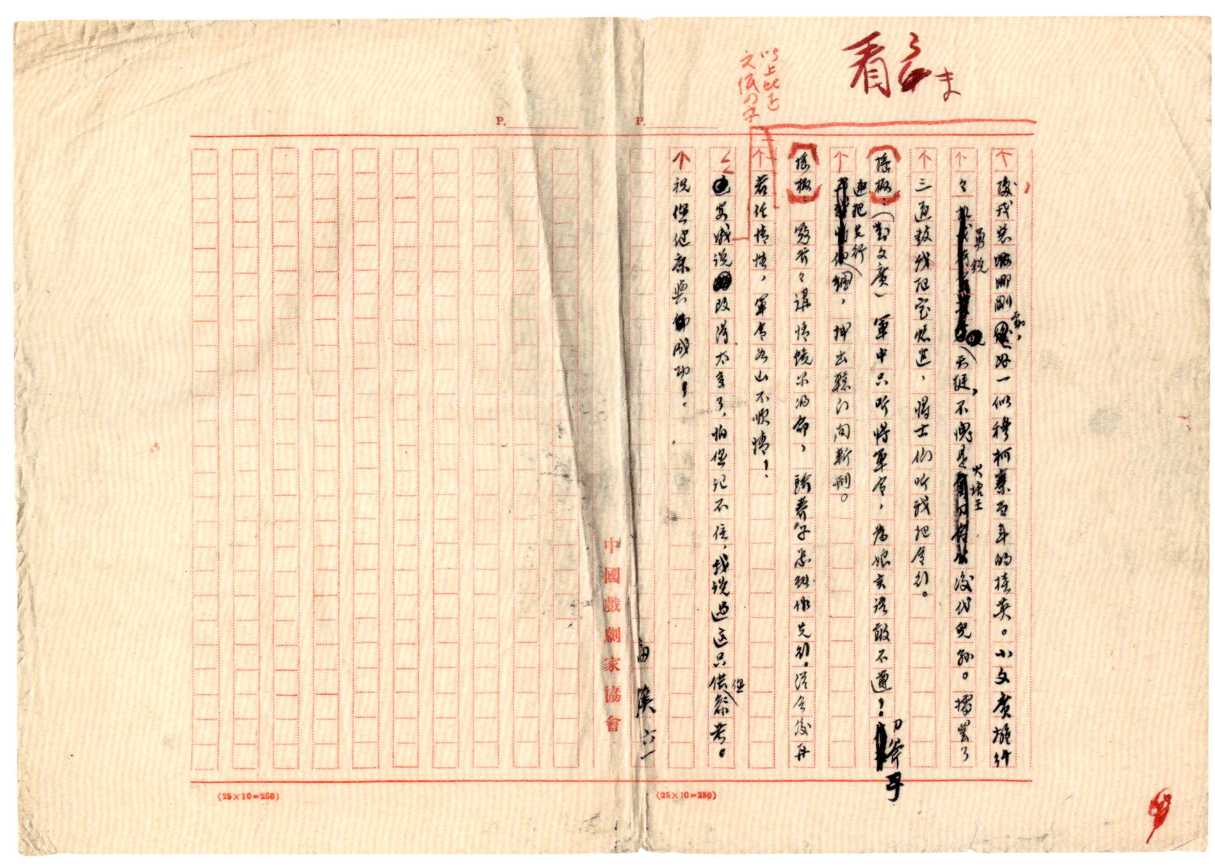

演出后与工人合影

1955 年，梅兰芳为首都工人演出后在后台与工人们交流

演出后与观众合影

1958 年，梅兰芳演出《霸王别姬》后，与曾在北京十三陵水库工地上连续工作 63 天的卫星农业社社员金锡宽、社长金德泉等交流

院长

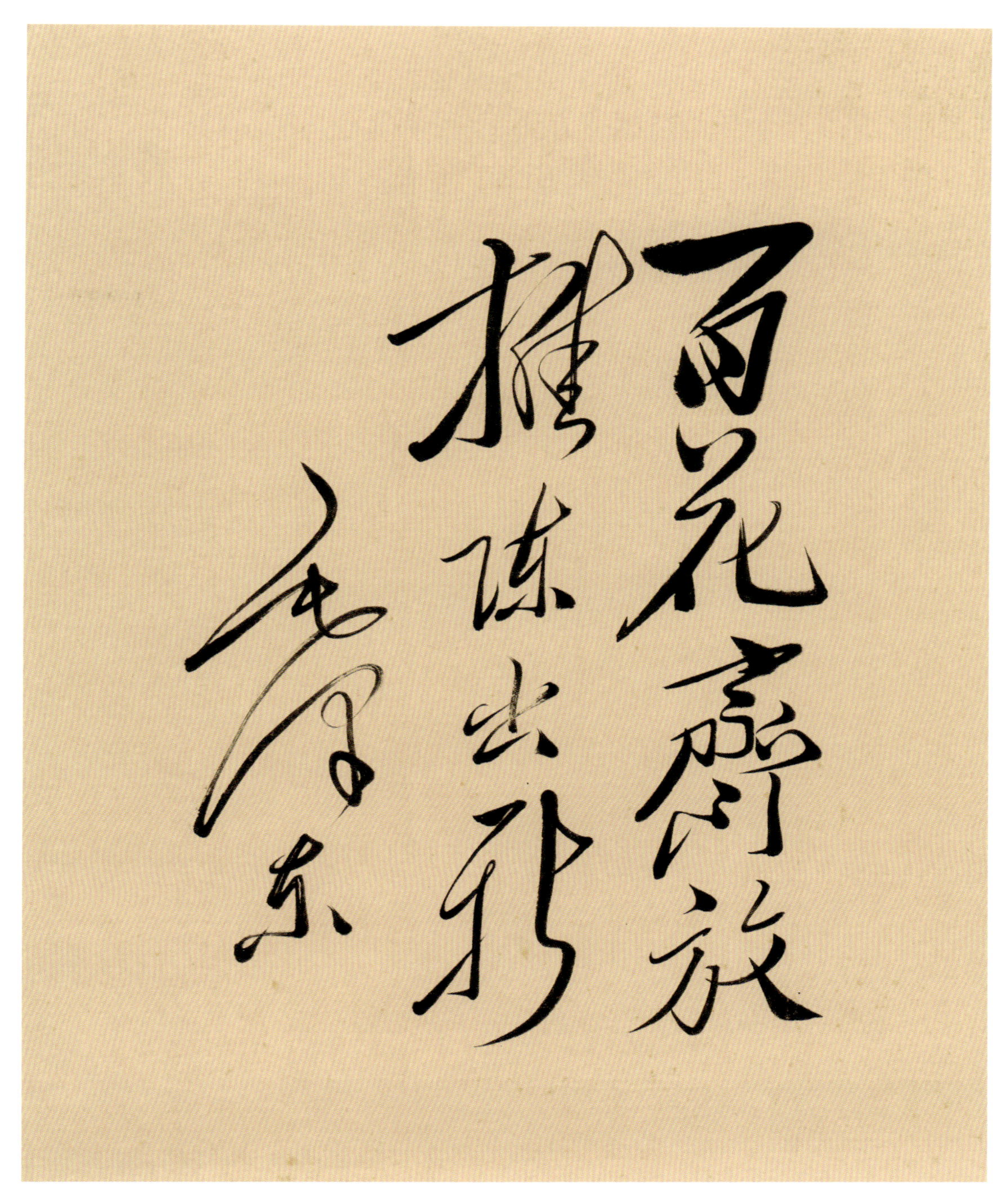

“百花齐放　推陈出新”（复制品）

1951 年

36cm × 30cm

中国艺术研究院藏

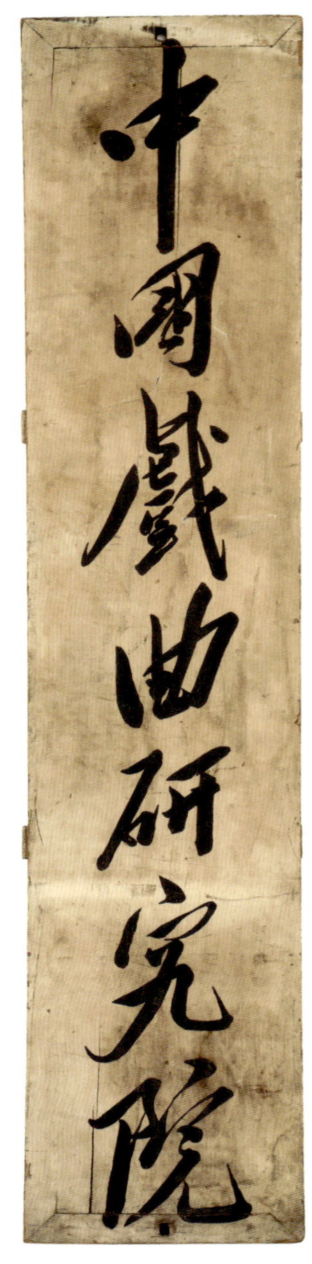

“中国戏曲研究院”牌匾（白底黑字）

年代不详

181cm × 37.5cm

中国艺术研究院藏

“中国戏曲研究院”牌匾（白底红字）

年代不详

163cm × 36.5cm

中国艺术研究院藏

中国戏曲研究院成立大会与会人员合影

1951 年

前排：左六起李桂云、刘喜奎、阿英、梅兰芳、周扬、佚名、张德成、洪昇、李再雯（小白玉霜）、佚名、叶盛章、李少春、佚名、老舍、马彦祥、韩世昌

后一排：左二薛恩厚、左五许姬传、左八叶盛兰，左十袁世海、左十二黄芝冈、左十五马少波、左十六罗合如、左十七李纶

后二排：左三欧阳山尊、左六周巍峙

第一届全国戏曲观摩演出大会与会人员合影

1952 年

27cm × 233cm

中国艺术研究院藏

研究院成立紀念

一九五一年四月三日

中央人民政府文化部第一屆全國戲曲觀摩演出大會全體代表合影 一九五二.十一.十四.

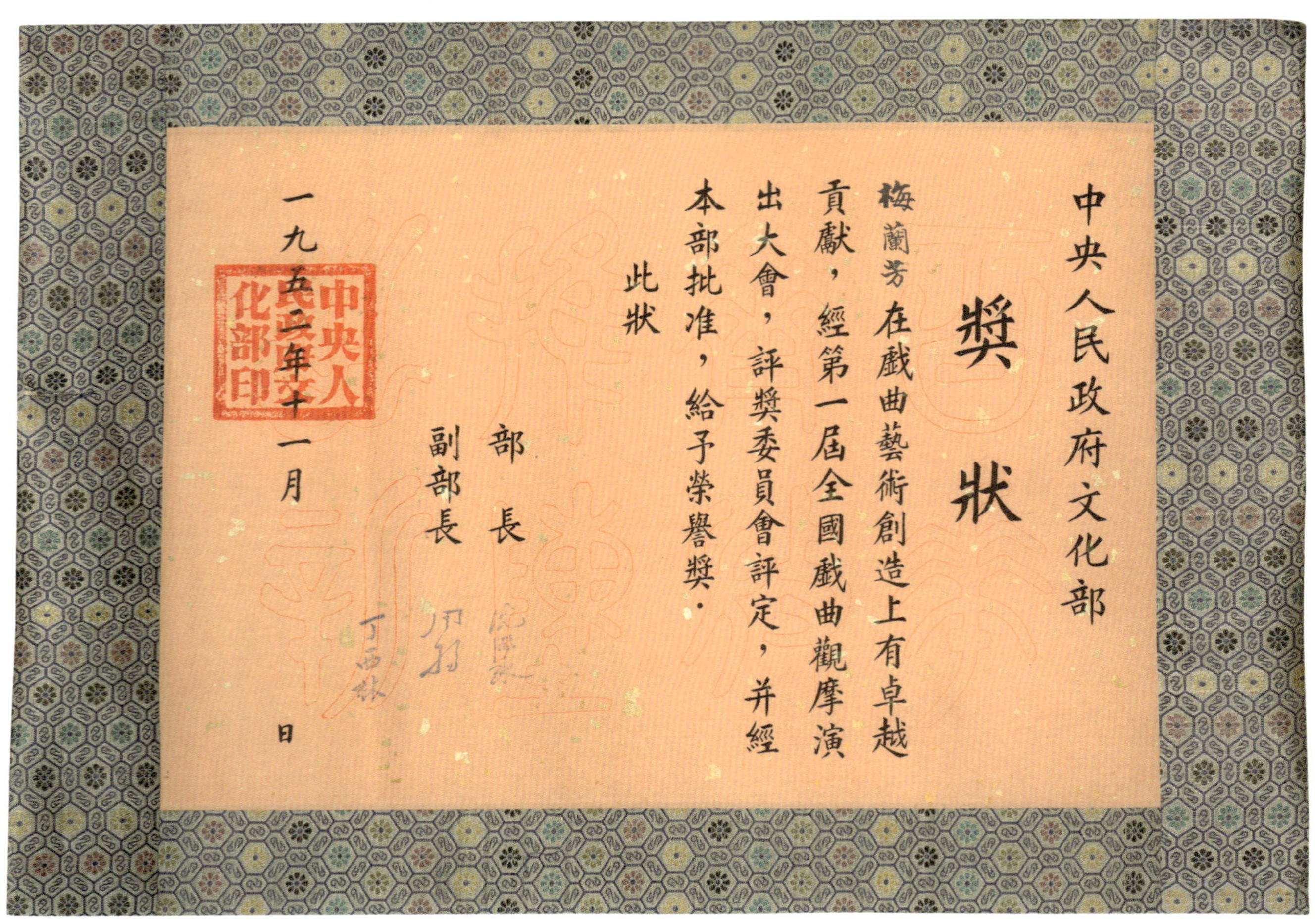

中央人民政府文化部

獎狀

梅蘭芳在戲曲藝術創造上有卓越貢獻，經第一屆全國戲曲觀摩演出大會，評獎委員會評定，并經本部批准，給予榮譽獎・

此狀

部長

副部長

一九五二年十一月　日

中央人民政府文化部印

“第一届全国戏曲观摩演出大会荣誉奖”奖状

1952 年

30.5cm × 42.5cm

中国艺术研究院藏

第 1 页

我和余叔岩合作时期

1919（民国八年戊午腊月）年1月，姚佩兰、王毓楼组织了"喜群社"，约我在新明大戏院开幕演出，我介绍余三哥（叔岩）一同参加。那一时期，我和叔岩合演的戏有《梅龙镇》、《打渔杀家》、《三击掌》、《探寒窑》、《南天门》、《三娘教子》、《战蒲关》等戏……

内行有句话："一宗定乾坤"。这意思是说演员首先要有一条好嗓子，才能在舞台上站住脚。所以演员的倒仓变嗓时期是一个关口。倒不过来，往往一蹶不振，沦为配角，但如果刻苦锻炼，在艺术上达到某种高峰程度时，就能够克服生理上的缺点，扭转乾坤，成为影响不小的流派。余叔岩的艺术成就，正是一个很好的例子。

余叔岩早年以小小余三胜的艺名，在天津成为童伶中的红角。倒仓后，由于劳累过度，嗓音受伤，经过八、九年的极艰苦的锻炼，才以余叔岩的本名，参加我们的喜群社，正式搭班演出。终于继承了谭派艺术，发展成为余派。我和叔岩合作的时期，虽只短短的一年

40×15=600

中国戏曲学院印制

《舞台生活四十年》手稿

年代不详

27.8cm × 39.8cm

梅兰芳口述，许姬传记，共二十张

梅兰芳纪念馆藏

梅兰芳与讲习会学员合影

1956 年，梅兰芳（二排左七）、张庚（二排左五）等与第二届演员讲习会全体学员合影

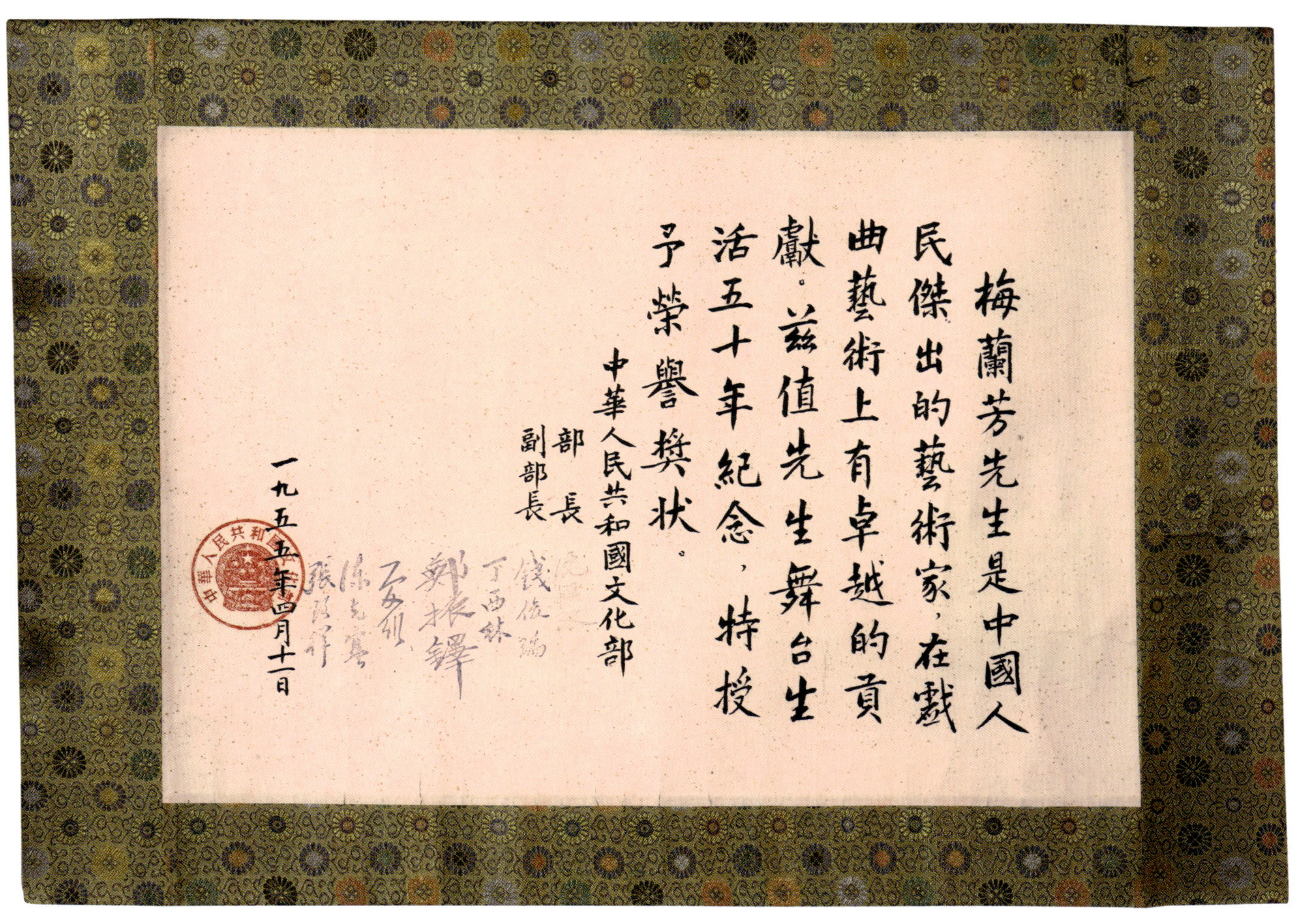
梅蘭芳先生是中國人民傑出的藝術家，在戲曲藝術上有卓越的貢獻。茲值先生舞台生活五十年紀念，特授予榮譽奬状。

中華人民共和國文化部
部長
副部長

一九五五年四月十一日

舞台生活五十年荣誉奖状

1955 年

30.5cm × 42.5cm

中国艺术研究院藏

“第一届全国人民代表大会”代表证

1954 年

12.8cm × 8.8cm

中国艺术研究院藏

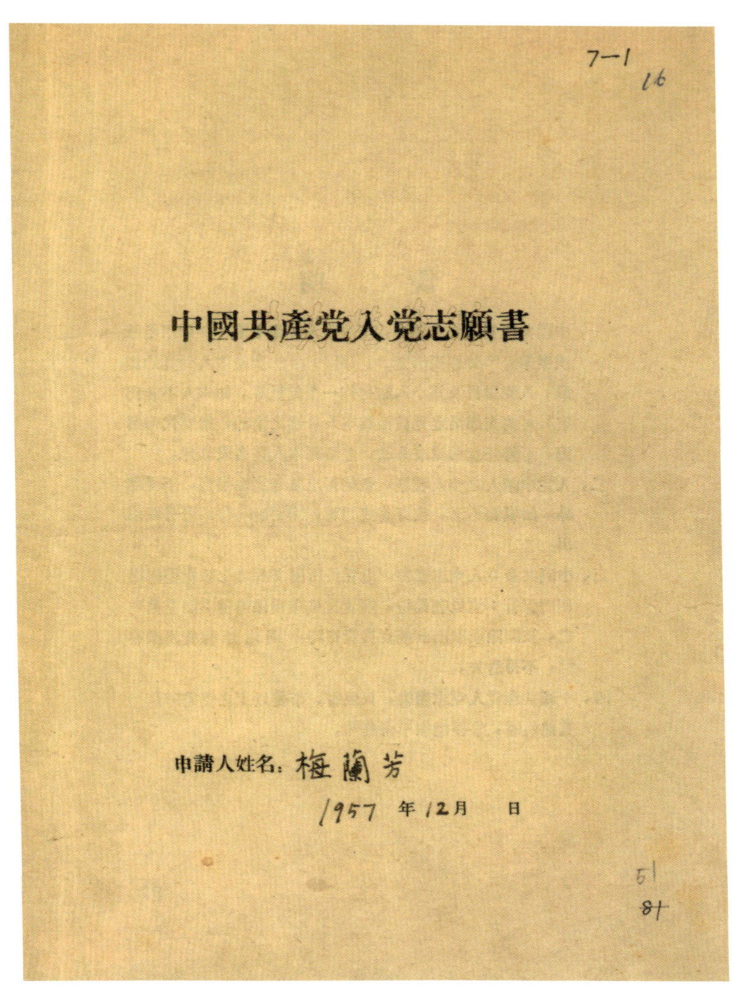

中國共產党入党志願書

申請人姓名：梅蘭芳

1957年12月 日

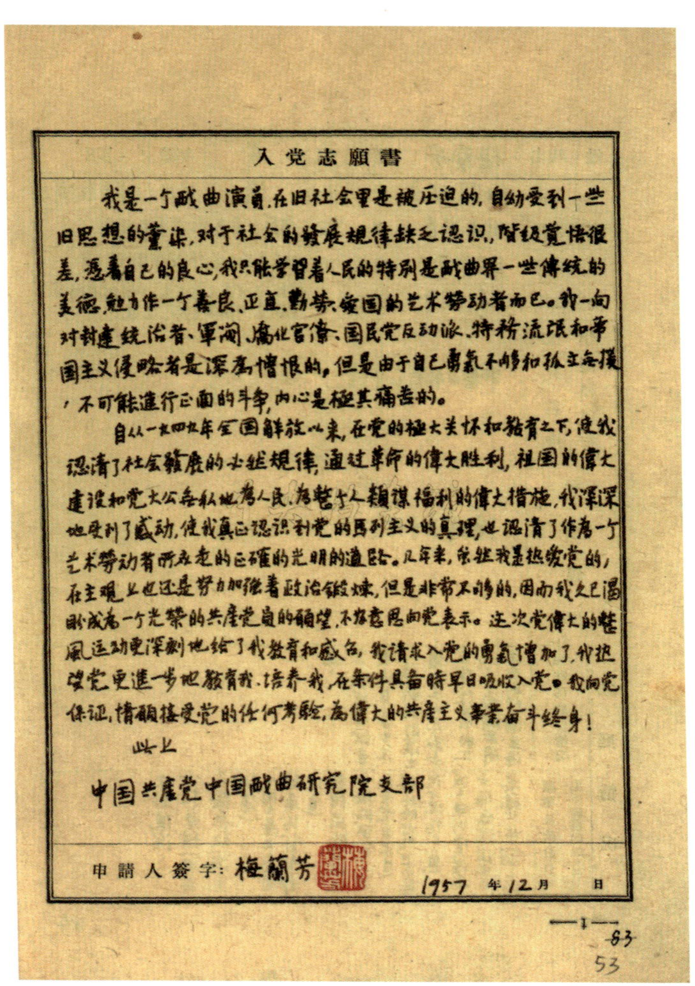

入党志願書

我是一个戏曲演員，在旧社会里是被压迫的，自幼受到一些旧思想的薰染，对于社会的發展規律缺乏認识，階级覺悟很差，憑着自己的良心，我只能学習着人民的特别是戏曲界一些傳統的美德，努力作一个善良、正直、勤勞、愛国的艺术勞动者而已。我一向对封建统治者、軍閥、腐化官僚、国民党反动派、特務流氓和帝国主义侵略者是深為憎恨的，但是由于自己勇氣不够和孤立無援，不可能進行正面的斗争，内心是極其痛苦的。

自从一九四九年全国解放以来，在党的極大关怀和教育之下，使我認清了社会發展的必然規律，通过革命的偉大胜利，祖国的偉大建設和党大公無私地為人民、為整个人類謀福利的偉大措施，我深深地受到了感动，使我真正認识到党的馬列主义的真理，也認清了作為一个艺术勞动者所应走的正確的光明的道路。几年来，虽然我是热爱党的，在主觀上也还是努力加强着政治鍛煉，但是非常不够的，因而我久已渴盼成為一个光榮的共產党員的願望，不好意思向党表示。这次党偉大的整風运动更深刻地給了我教育和感召，我請求入党的勇氣增加了，我盼望党更進一步地教育我、培养我，在条件具备時早日吸收入党。我向党保証，情願接受党的任何考驗，為偉大的共產主义事業奋斗終身！

此上

中国共產党中国戏曲研究院支部

申請人簽字：梅蘭芳 1957年12月 日

—1—

《入党志愿书》（复制品）

1957年

中国艺术研究院藏

梅兰芳的《中国共产党入党志愿书》，入党介绍人为张庚、马少波，支部书记张庚记录入党决议。

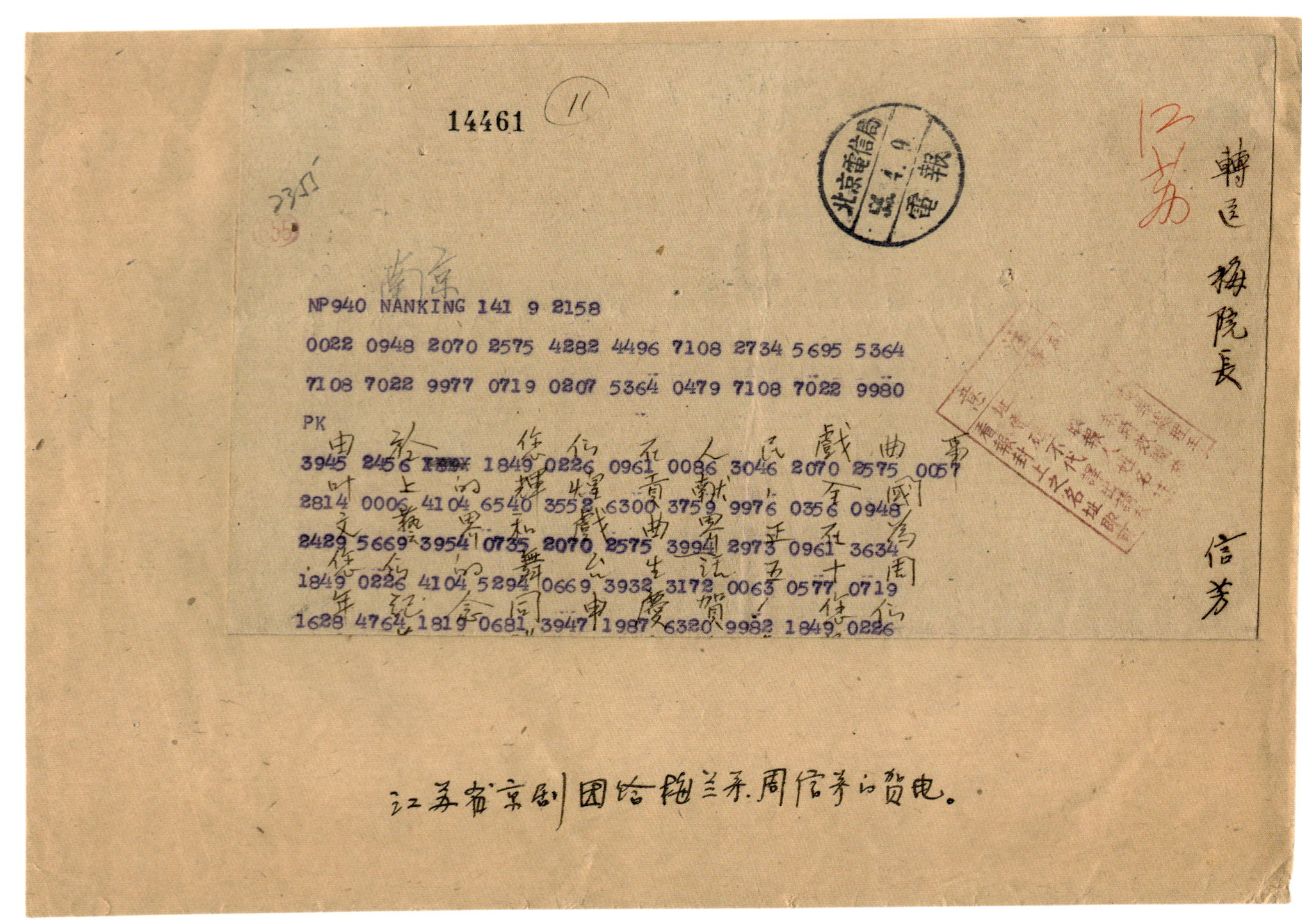

14461

NP940 NANKING 141 9 2158

0022 0948 2070 2575 4282 4496 7108 2734 5695 5364

7108 7022 9977 0719 0207 5364 0479 7108 7022 9980

PK

3945 2456 1849 0226 0961 0086 3046 2070 2575 0057

2814 0006 4104 6540 3552 6300 3759 9976 0356 0948

2429 5669 3954 0735 2070 2575 3994 2973 0961 3634

1849 0226 4104 5294 0669 3932 3172 0063 0577 0719

1628 4764 1819 0681 3947 1987 6320 9982 1849 0226

由於您們在人民戲曲事業上的輝煌貢獻，全國文藝界和戲曲界正在為您們的舞台生活五十周年紀念同申慶賀！您們

轉送梅院長 信芳

江苏省京剧团给梅兰芳周信芳的贺电。

梅兰芳、周信芳舞台生活五十周年纪念集

1955 年

尺寸不一

中国艺术研究院藏

为庆祝梅兰芳、周信芳舞台生活五十周年，全国各地发来的贺电、贺信及纪念演出说明书。

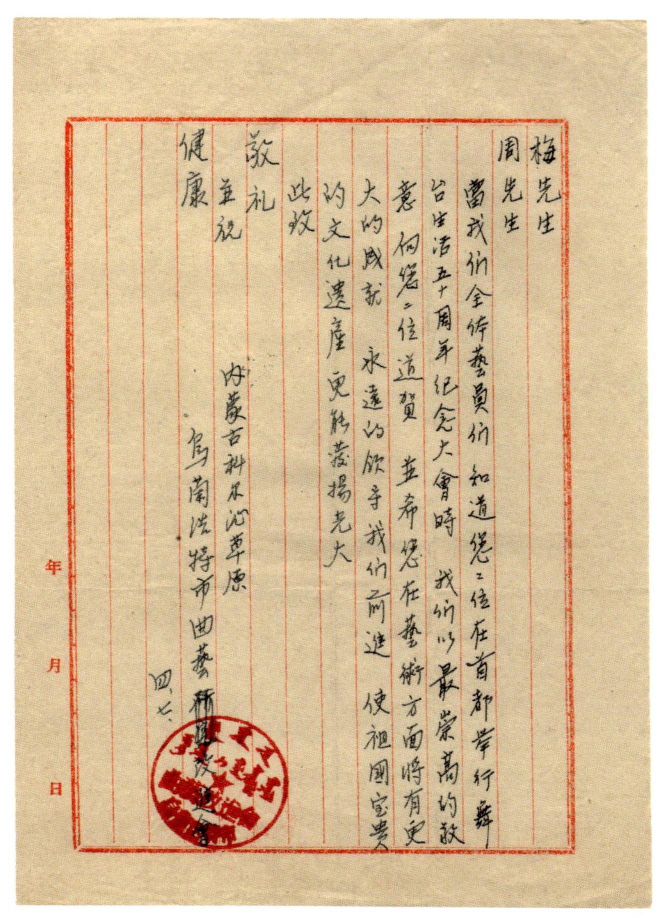

梅先生
周先生

當我们全体藝員们知道您二位在首都举行舞台生活五十周年紀念大會時，我们以最崇高的敬意向您二位道賀，並希您在藝術方面將有更大的成就，永遠的领导我们前進，使祖國寶贵的文化遺產更能發揚光大。

此致

敬礼

並祝

健康

内蒙古科尔沁草原

烏蘭浩特市曲藝研究會

四七

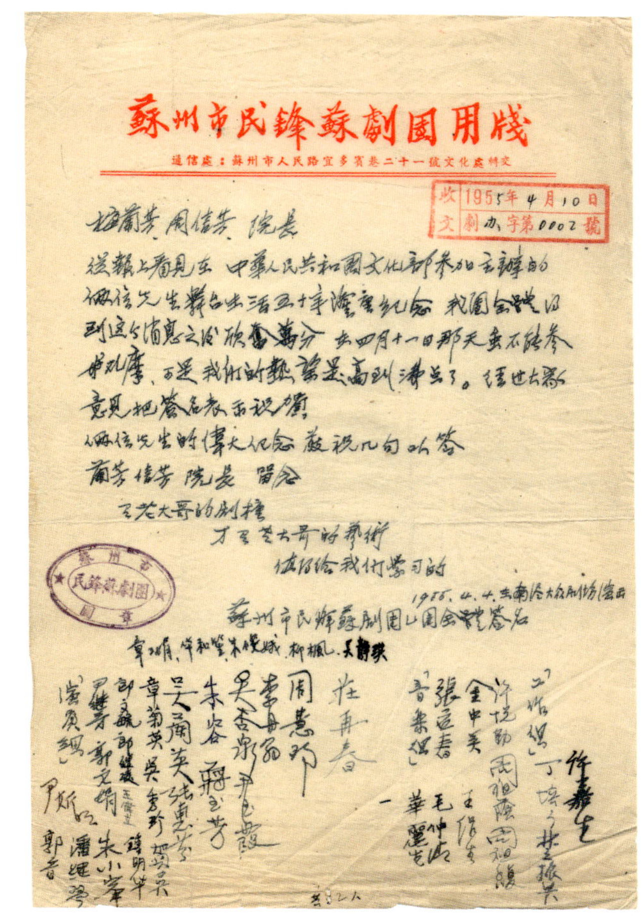

蘇州市民鋒蘇劇團用箋

通信處：蘇州市人民路宜多賓巷二十一號文化處轉交

收文 1955年4月10日 劇办字第0002號

梅蘭芳、周信芳 院長

從報上看見在 中華人民共和國文化部參加主辦的梅、信先生舞台生活五十年隆重紀念 我團全體同志得到這個消息之後欣喜萬分 在四月十一日那天雖不能參加盛會，可是我們的熱誠是高到沸點了。請以我們意見把簽名表示祝賀

梅、信先生的偉大紀念 敬祝几句以答

蘭芳 信芳 院長 留念

王芸大哥的劇種

周信芳大哥的藝術

值得給我們學習的

1955.4.4.在南浔大眾劇場演出

蘇州市民鋒蘇劇團全體簽名

莊再春

念念不忘

20 世纪的中国戏曲艺术史上，梅兰芳是一位高峰人物。他毕生致力于京剧艺术的传承与革新，和同时代的戏曲艺术家、理论家们一起，让传统戏曲迈入现代社会的门槛。作为誉满中外的艺术大师，他品德高尚，艺术精湛，张庚称他是“传统戏曲艺术的集大成者”，欧阳予倩则称他为“真正的演员，美的创造者”，他以自己在京剧领域终身不懈地坚守和创造，成为中国京剧艺术体系、中国戏曲艺术体系构建的重要推动者。

《诗经》有言：“高山仰止，景行行止。”在梅兰芳诞辰 130 周年的重要时刻，我们纪念他不朽的艺术、怀念他伟大的人格、继承他创立的京剧表演艺术、归纳总结他的理论成就，并努力将其发扬光大。本次展览旨在从先贤创造的宝贵文化遗产中汲取力量，践行习近平总书记倡导的构建中国特色哲学社会科学学科体系、学术体系、话语体系的指示，传承弘扬优秀传统艺术，守正创新、整装前行，推动新时代文化艺术出人才、出作品、出高峰！

卓越的戏曲艺术家梅兰芳

紀念展覽（提綱稿）

为紀念卓越的戏曲艺术家梅兰芳同志，举办《卓越的戏曲艺术家梅兰芳紀念展覽》。紀念展出的目的，在于向广大群众介紹梅兰芳同志的生平事蹟和艺术成就，使人們了解梅兰芳同志的政治生活、艺术道路，以及他在我国戏曲艺术发展方面的巨大貢献。梅兰芳同志的艺术道路和艺术成就，証明了党为文艺工作者指示的文艺方向和文艺政策的正确性，从而向广大群众宣傳了为工农兵服务的文艺方向和“百花齐放、推陈出新”的方針，进行了社会主义教育。

紀念展出的全部內容包括两个部分。第一部分是生平事蹟及其艺术成就；第二部分是不同內容的几个专題。

在做法上，第一部分按解放前和解放后分为两个不同的历史时期。在两个时期中依据梅兰芳艺术生活、政治生活的发展情况分成阶段，然后按阶段概括展示梅兰芳的生平和成就。采用傳記体的方式。这样易于綫索清楚，主流突出，避免繁瑣和零乱。第二部分按內容分专題，明确本专題的內容要求，設法集中表現。采用专題陈列的方式。

在文字說明方面，要求准确、鮮明、生动、簡練。本此要求，拟用語录和撰写两种办法。

展覽大綱：

序幕

卓越的戏曲艺术家梅兰芳——真正的演員、美的創造者

展品：大幅画象

第一部分

梅兰芳的生平及其艺术成就

一

第一部分的中心內容，要求以表現梅兰芳生平的政治思想、艺术道路及其艺术成就为主。就两个不同的历史时期来說，在民主革命时期，主要介紹梅兰芳是一位坚持进步的艺术家，具有民主思想和爱国思想。在戏曲演員倍受歧視的旧社会里，他走过了一段不平坦的艺术道路。他坚持进步的思想，使他的艺术創作閃爍着鮮明的反帝反封建的时代色彩，促进他在继承傳統的基础上对戏曲艺术进行革新发展，取得了深为群众喜爱的艺术成就，創造了京戏表演艺术的一个流派。党領导的人民民主革命取得胜利以后，整个戏曲界在社会地位和政治地位上起了根本的变化。梅兰芳受到党的关怀和人民的爱戴，积极参加了建設社会主义的革命斗爭，从事多方面的政治活动。梅兰芳在艺术发展的道路上，找到了党和毛主席指示的为工农兵服务的文艺方向，找到了建設社会主义新戏曲的“百花齐放、推陈出新”的方針。梅兰芳的艺术在社会主义道路上出現了嶄新的面貌，取得了更精更美的成就，有着更广泛的声誉和影响。梅兰芳自己从一个具有民主、爱国思想的艺术家变成一个共产主义战士——党員艺术家。

第一阶段：

童年时代和少年时代（1894—1911）

第一阶段的重点：主要突出梅兰芳学艺和实习演出时期勤学苦練的精神。

第一单元：出生的时代

单元意图：梅兰芳出生时，正是帝国主义侵略中国的时代。清王朝黑暗統治下，人民苦难深重的时代。中国人民觉醒和奋起反抗的时代。

展品范围：

（一）

1.日帝侵略中国的甲午战爭。

2.义和团反帝爱国运动。

3.旧北京。

第二单元：梅家

单元意图：梅兰芳出生在一个戏曲世家，过着动荡不安的童年生活。梅家的情况。

展品范围：

1.李鉄拐斜街梅家老宅，出生地点梅宅东廂房。在百順胡同梅宅避难。

2.童年时代的梅兰芳。

3.祖父梅巧玲。父亲梅竹芬和母亲楊氏。伯父梅雨田。

第三单元：学艺生活

单元意图：介紹梅兰芳学艺和实习演出的生活。說明梅兰芳勤学苦練、打好根基的情况。

展品范围：

1.梅兰芳和老师吳菱仙、同学朱幼芬、王惠芳在一起。

2.学习的第一出戏《战蒲关》。《桑园会》。

3.第一次登台实习演出的剧場《广和楼》。

4.在喜連成实习演出时的同台伙伴周信芳、貫大元、侯喜瑞、雷喜福等。

第四单元：初期的演出

单元意图：介紹梅兰芳初期搭班演出的情况。

展品范围：

1.在玉成班。玉成班的伙伴田玉农。演出地点《天乐茶园》《广德楼》。戏单。

2.初次赴外地公演——上海丹桂第一台。《彩樓配》与老生王凤卿合演之《汾河湾》。戏单。

第二阶段：

“走向新的道路上去寻求发展。”（1912——1931）

第二阶段的重点：主要突出梅兰芳在走向新的道路上去寻求发展的过程中，他所塑造的許多人物形象，体现了反封建的民主精神，他大胆地进行了艺术革新的尝試。时装新戏，加工提炼改編的崑曲、皮黄等旧戏，古装新戏，舞台革新等四个方面的成就，标志着梅派艺术的形式。

第五单元：

单元意图：要介紹资产阶級民主革命的时代，以及民主革命思潮对戏剧界的影响。梅兰芳接受了时代影响。

展品范围：

1.辛亥革命。

2.北京正乐育化会欢迎革命人士孙中山來京。

3.新舞台——潘月樵。王钟声。上海新舞台。

4.辛亥革命前后不合理的社会现实。

5.剪去辮发的梅兰芳。

第六单元：时装新戏

单元意图：梅兰芳把戏曲作为“警世”的武器，揭露旧社会的黑暗，编演时装新戏，用来教育群众。他的剧作表现了反封建的民主精神，反映了群众的要求。

展品范围：

（二）

“卓越的戏曲艺术家梅兰芳纪念展览”（提纲稿）

1962 年

26.4cm × 19.2cm

中国艺术研究院藏

1.《一缕麻》、《邓霞姑》、《孽海波澜》、《童女斩蛇》。

2.时装新戏的演出效果。反应。

第七单元：继承与发展

单元意图：民主思潮也推动了他去探求艺术发展的新路。这个时期，他进行了多方面的努力。首先突破了青衣的局限。接着在和前辈、同辈合作中对皮黄传统剧目进行加工提炼和改编活动。同时，学习传统的崑腔艺术，既丰富了自己的艺术手段，又提高了某些崑曲剧目。这样，他在继承与发展的问题上，承受了前辈的經驗，为京剧艺术的发展貢献了力量，并且再度創造了許多为群众喜聞乐見的具像人民性的艺术形象。这段道路是不平坦的，复杂的。因此，加以概括，分为四个小单元。

(一)学习傳統艺术，丰富艺术修养

展品范围：

1.向前輩学习。王瑤卿、路三宝、陈德霖、乔蕙兰、李寿山、茹莱卿、錢金福、謝昆泉、陈嘉樑、曹心泉。

2.梅兰芳与前輩合作演出。谭鑫培等。

3.突破青衣行当的局限。

4.梅兰芳在練工，練身段。梅兰芳在观摩。

5.梅兰芳作画，学画的师友。梅兰芳在读书。

(二)加工提練，改編創作

展品范围：

1.与楊小楼合作加工提練的《長坂坡》。

2.与余叔岩合作加工提練的《打漁杀家》。

3.与楊小楼共同改編創作演出了《霸王別姬》。

(三)

(三)学习崑曲剧目，再度創造的形象

展品范围：

1.《牡丹亭》的杜丽娘

2.《西厢記》的紅娘

3.《紅綫盗盒》的紅綫

4.《思凡》的色空

5.《水斗、断桥》的白娘子

(四)改編和移植的新剧目

展品范围：

1.《木兰从軍》，《牢獄鴛鴦》。

2.从梆子戏移植的《春秋配》。

3.《凤还巢》。

第八单元：創造古装新戏

单元意图：梅兰芳創始古装新戏，丰富了戏曲艺术的表現能力，在舞蹈方面，装扮方面取得了新成就。

展品范围：

1.《嫦娥奔月》，《黛玉葬花》，《晴雯撕扇》等剧目。初次上演的地点《吉祥园》。

2.《天女散花》的飄帶舞。《麻姑献寿》的袖舞。《上元夫人》的拂塵舞，《廉錦枫》的刺蚌舞。

3.古装服飾、装扮的創造。影响。

第九单元：舞台上的改革

单元意图：不斷吸收新的艺术手段来丰富舞台艺术，提高演出水平。

展品范围：

1.通过《洛神》、《倭□人》等剧目来說明梅兰芳在舞台装置上的改革活动。

2.增加二胡。

3.淨化舞台面。

4.进行舞台上改革的剧場——《開光剧場》

第十单元：国外演出活动

单元意图：在这个阶段，梅兰芳把祖國的戏曲艺术介紹給国外观众，兩次赴日一次赴美，扩大了祖国戏曲艺术的对外影响。这个单元主要介紹他的演出活动和影响。

展品范围：

1.国外演出示意图。

2.国外演出活动照片。

3.与国外艺术家和文艺界人士的会晤、卓别林等。

4.国外的評論。影响。

第三阶段：

在抗日战爭和解放战爭时期(1931—1948)

第三阶段的重点：主要突出梅兰芳这个时期反帝抗日的爱国思想和民族气节的高尚品德。而且由于爱国反帝的进步思想，使他已經接受了党的影响，"七七"事变以后，曾經参加了戏剧界抗日民族统一战綫的活动。在解放战爭时期，参加了民主斗爭，靠近了党。

第十一单元：

单元意图：自从"五四"运动以来，一九二一年产生了中国共产党。在党領导下展开了反帝反封建革命运动的新阶段。"九、一八"日帝侵占东北，党領导人民开始了抗日运动。人民抗日的时代精神激发着梅兰芳的爱国热情，他在新的艺术創作中宣傳了爱国主义思想。也在这个时期，梅兰芳赴苏联演出，促进了中苏文化交流。梅兰芳访苏，也接受了进步的影响。

展品范围：

一日帝侵略东北。中国工农紅軍要求共同抗日的宣言。

"一二、九"爱国运动。

二《抗金兵》。

三《生死恨》。

四訪苏演出。乘坐北方号輪船赴苏。到达莫斯科。謁列宁墓献花圈。演出情况。《打漁杀家》受到热烈的欢迎与苏联戏剧家史坦尼斯拉夫斯基，梅耶荷德，丹钦科等会見。实物。評論。影响。梅兰芳回忆語录。

第十二单元：

单元意图："七七"事变之后，党提出"抗日救国十大綱領"在党的領导下，形成了广泛的抗日民族统一战綫。这时，上海偏陷，他蓄鬚明志，不为敌伪服务，表現了高尚的民族气节。抗战胜利后登舞台为观众演出，并参加了反对国民党反动統治的民主斗爭。

展品范围：

1."七七"事变，党提出的抗日救国十大綱領"。紅軍北上抗日。

(四)

“梅兰芳逝世周年纪念演出”海报设计图

1962 年

40cm × 27.6cm

中国艺术研究院藏

“梅兰芳逝世周年纪念演出”舞台设计图

1962 年
27.6cm × 40cm
共两张
中国艺术研究院藏

“梅兰芳逝世周年纪念会”会场主席台设计图

1962 年

27.6cm × 40cm

共两张

中国艺术研究院藏

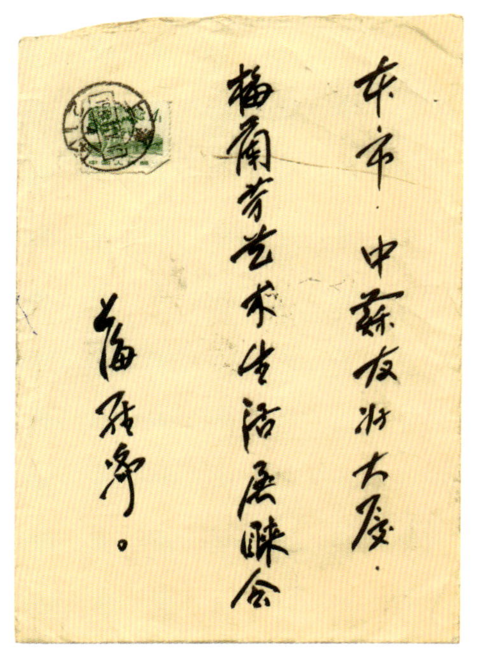

本市·中苏友好大厦·
梅兰芳艺术生活展览会
梅[illegible]寄。

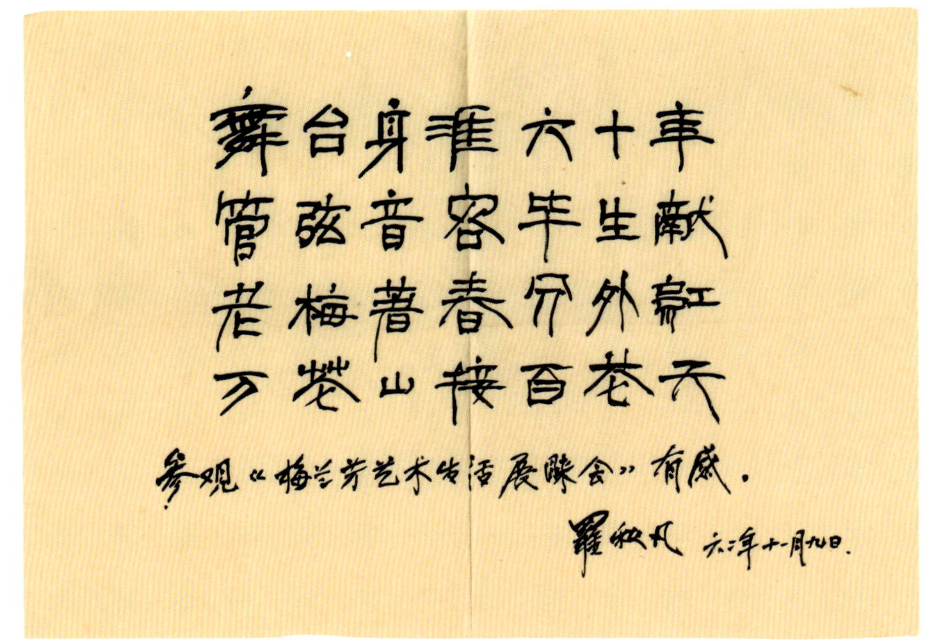

舞台身涯六十年
管弦音容毕生献
老梅着春分外红
万卷山接百花天

参观《梅兰芳艺术生活展览会》有感。

罗秋凡 六二年十一月九日。

《参观〈梅兰芳艺术生活展览会〉有感》

1962 年

22.5cm × 30.9cm

罗秋凡书，附信封

中国艺术研究院藏

繁體字

第 1 頁

《梅蘭芳》藝術生活圖集序

今年，一九八四年，是我國戲曲表演藝術家梅蘭芳同志誕辰九十周年。在這時紀念梅蘭芳一生的卓越成就，借以激勵我們振興祖國的戲曲文化事業，促進戲曲藝術更快地跟上和適應我國建設社會主義現代化和社會主義精神文明的需要，更好地反映我們時代的風貌，為現實，為人民服務，是非常有意義的事。

做為演員，梅蘭芳的藝術青春長在。他從十一歲，即一九〇四年农历七夕第一次出臺，到一九六一年五月三十一日為我國科學家們演出《穆桂英掛帅》，五十六

18×15=270　中国艺术研究院

第 2 頁

個春秋的舞臺生活，留給觀衆多少不可磨滅的藝術形象。這其間，他經受了各種磨鍊，備嚐了生活的甘苦，而終于隨着時代的發展，由一位具有愛國、民主思想的藝術家成長為使自己的藝術生命"找到了真正的歸宿"的中國共產黨員、黨的藝術家。梅蘭芳的藝術生活道路，及其在藝術上的創造與貢獻，是舉世公認的，而且產生着深遠的影響。

人民懷念他。

我看過他精湛的表演，在建國後，又有機會與梅蘭芳同志在中國戲曲研究院共同工作八年之久，對他為人的豁達，藝術創作上的謹严也深有體會和了解。一九五一年的春天，政務院任命梅蘭芳為中國戲

18×15=270　中国艺术研究院

《〈梅兰芳〉艺术生活图集序》

1984 年

26.6cm × 19cm

张庚手稿，共四页

中国艺术研究院藏

第 3 頁

曲研究院院長。創建之始，他請毛澤東主席題字，毛澤東主席親自書寫了單位名稱和“百花齊放、推陳出新”的題詞送給他。這個題詞，是黨的戲曲改革方針。就這樣，梅蘭芳同志本着這個方針，領導戲曲研究院進行理論與實踐相結合的研究和教學工作。培養和訓練了很多劇種的演員、編劇、導演、音樂、舞美人材，成長了一批戲曲研究的幹部，他們至今在各地戲曲工作中起着積极的作用。這是令人難忘的。

一九六一年八月八日梅蘭芳因病逝世，離開了我們。我曾以“一代宗匠”為題，紀念他对戲事業的不朽貢獻。最近，中國藝術研究院戲曲研究所編了一本《梅

18×15=270　　中国艺术研究院

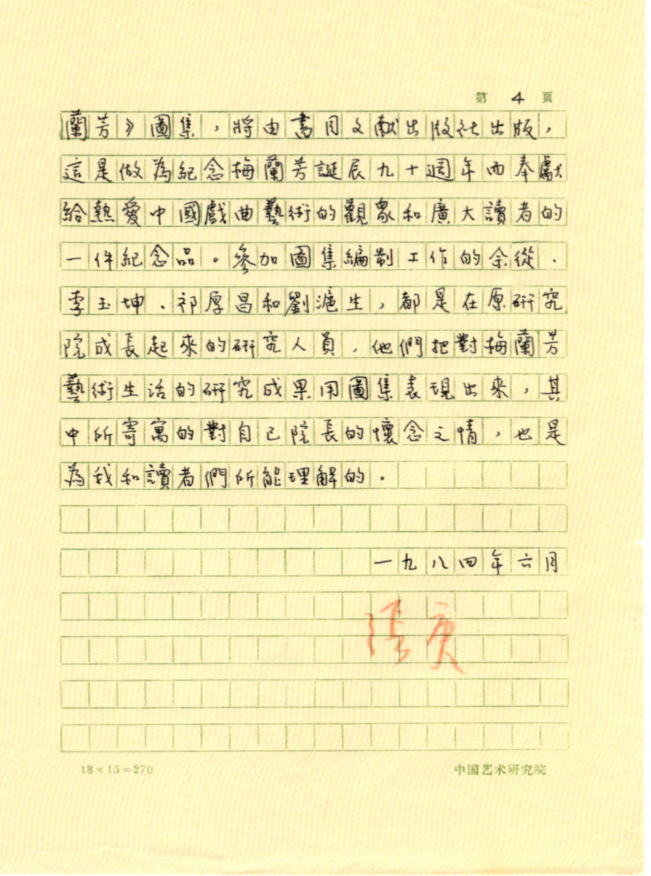

第 4 頁

蘭芳》圖集，將由書目文獻出版社出版，這是做為紀念梅蘭芳誕辰九十週年而奉獻給熱愛中國戲曲藝術的觀衆和廣大讀者的一件紀念品。參加圖集編制工作的余從、李玉坤、祁厚昌和劉滬生，都是在原研究院成長起來的研究人員，他們把對梅蘭芳藝術生活的研究成果用圖集表現出來，其中所寄寓的對自己院長的懷念之情，也是為我和讀者們所能理解的。

一九八四年六月

張庚

18×15=270　　中国艺术研究院

第 1 页

梅蘭芳生平簡介

梅蘭芳，字畹華，原籍江蘇泰州，一八九四年誕生于北京的一個戲曲世家。九歲（一九〇二年）開始學京劇青衣，十一歲（一九〇四年）登臺，十四歲（一九〇七年），搭"喜連成"科班演出。一九一二年以後，他一面學習傳統，一面努力革新，曾編演了時裝新戲和古裝新戲，進行了舞臺藝術上的改革嘗試。經過多方面的實踐，創造了京劇旦行的表演藝術流派——"梅派"。在一九一九年至一九三五年期間，曾兩次赴日本，一次赴美國和到蘇聯演出，使我國戲曲藝術，在國外有了很大的影響。抗日戰爭時期，梅蘭芳在上海

18×15=270 中国艺术研究院

第 2 页

蓄鬚輟演，表現了崇高的民族氣節。

中華人民共和國成立以來，梅蘭芳經常在全國各地為工農兵群眾演出，對我國社會主義戲曲事業，國內外文化交流和保衛世界和平，作了重大貢獻。一九五九年光榮地參加了中國共產黨。

梅蘭芳先後當選為全國人民代表大會代表，中國人民政治協商會議常務委員，中國文學藝術界聯合會副主席；中國戲劇家協會副主席，並歷任中國戲曲研究院院長，中國戲曲學院院長，中國京劇院院長的職務。

梅蘭芳一九六一年八月八日在北京因病逝世。

18×15=270 中国艺术研究院

《梅兰芳生平简介》

20 世纪 80 年代
26.6cm × 18.9cm
张庚手稿，共三十一页
中国艺术研究院藏

第3頁

北京是我的出生地，從我祖父起，我家已四代在北京從事戲曲藝術勞動。

——梅蘭芳

九歲那年，我到姊丈朱小芬家裡學戲。吳菱仙是我們開蒙的教師。——梅蘭芳

第一次出臺是十一歲，光緒甲辰年（一九〇四年）七月七日，喜連成班在廣和樓貼演《天河配》，我在戲裡串演崑曲"長生殿"、"鵲橋密誓"的織女。——梅蘭芳

我雖然不是科班出身，但提到我幼年時的舞臺生活是離不開喜連成的。

——梅蘭芳

18×15=270　　中国艺术研究院

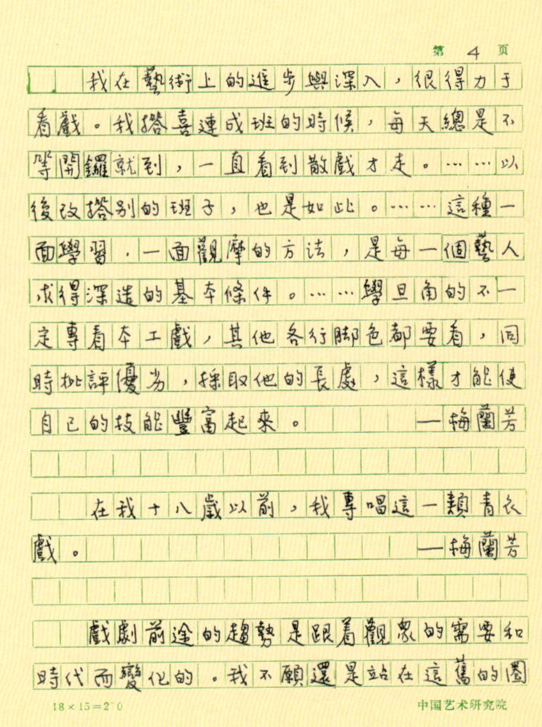
第4頁

我在藝術上的進步與深入，很得力于看戲。我搭喜連成班的時候，每天總是不等開鑼就到，一直看到散戲才走。……以後改搭別的班子，也是如此。……這種一面學習，一面觀摩的方法，是每一個藝人求得深造的基本條件。……學旦角的不一定專看本工戲，其他各行腳色都要看，同時批評優劣，採取他的長處，這樣才能使自己的技能豐富起來。——梅蘭芳

在我十八歲以前，我專唱這一類青衣戲。

——梅蘭芳

戲劇前途的趨勢是跟着觀衆的需要和時代而變化的。我不願還是站在這舊的圈

18×15=270　　中国艺术研究院

泰州“梅兰芳艺术奖”奖杯

2021 年
30cm × 7.7cm × 7.7cm
泰州梅兰芳艺术中心藏

2021 年起，泰州市创设“梅兰芳艺术奖”，每两年评选一次，旨在推出青年优秀戏曲人才，努力打造“梅花奖”风向标。京剧程派青衣郭伟、昆曲小生施夏明获得首届表演艺术金星。

泰州市近年出版的与梅兰芳相关的出版物

1992 年至今
泰州市梅兰芳研究会藏

泰州市充分发挥泰州市梅兰芳研究会的作用，办好《梅兰芳》杂志、《京剧票界》报，撰写出版《梅兰芳年谱》《梅兰芳唱腔选集》等 10 多部研究专著，着力打造戏曲传承发展研究高地。

《梅兰芳·当年梅郎》节目单

2019 年

28.5cm × 17.5cm

泰州梅兰芳艺术中心藏

中共泰州市委宣传部、江苏省演艺集团分别于 2019 年、2021 年联合出品京剧《梅兰芳·蓄须记》、昆曲《梅兰芳·当年梅郎》。五年来两剧在全国各地巡演达 60 余场，并分别荣获江苏省精神文明建设“五个一工程”等奖项。

《梅兰芳·蓄须记》节目单

2021 年

19cm × 27cm

泰州梅兰芳艺术中心藏

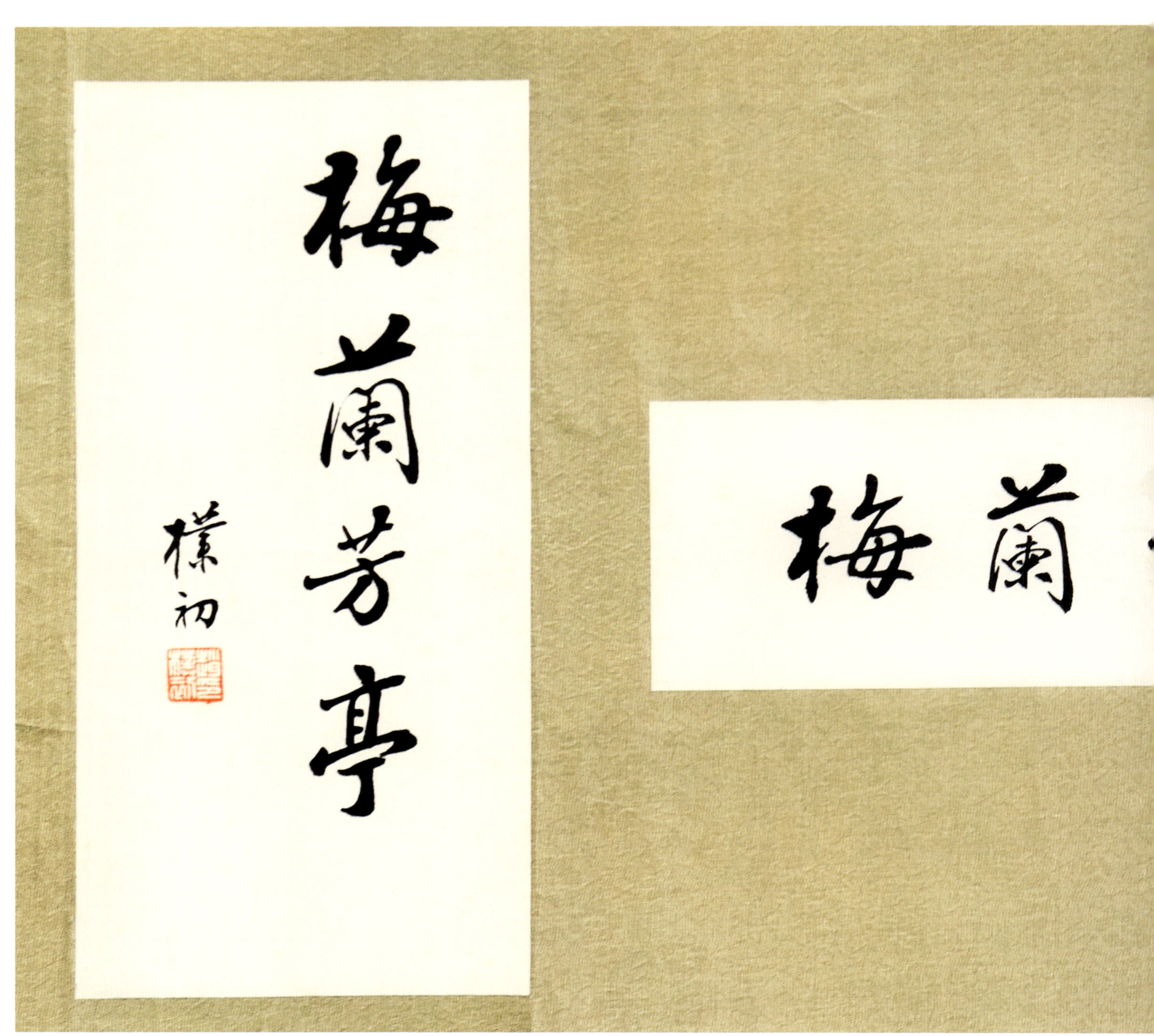

赵朴初为泰州市梅兰芳纪念馆、梅兰芳亭题字

1984 年

左：24cm × 11.5cm；中：7.6cm × 31.8cm；右：24.2cm × 7.8cm

泰州市梅兰芳纪念馆藏

赵朴初题写，为梅兰芳诞辰 90 周年之际，泰州市筹建梅兰芳纪念馆时征集。

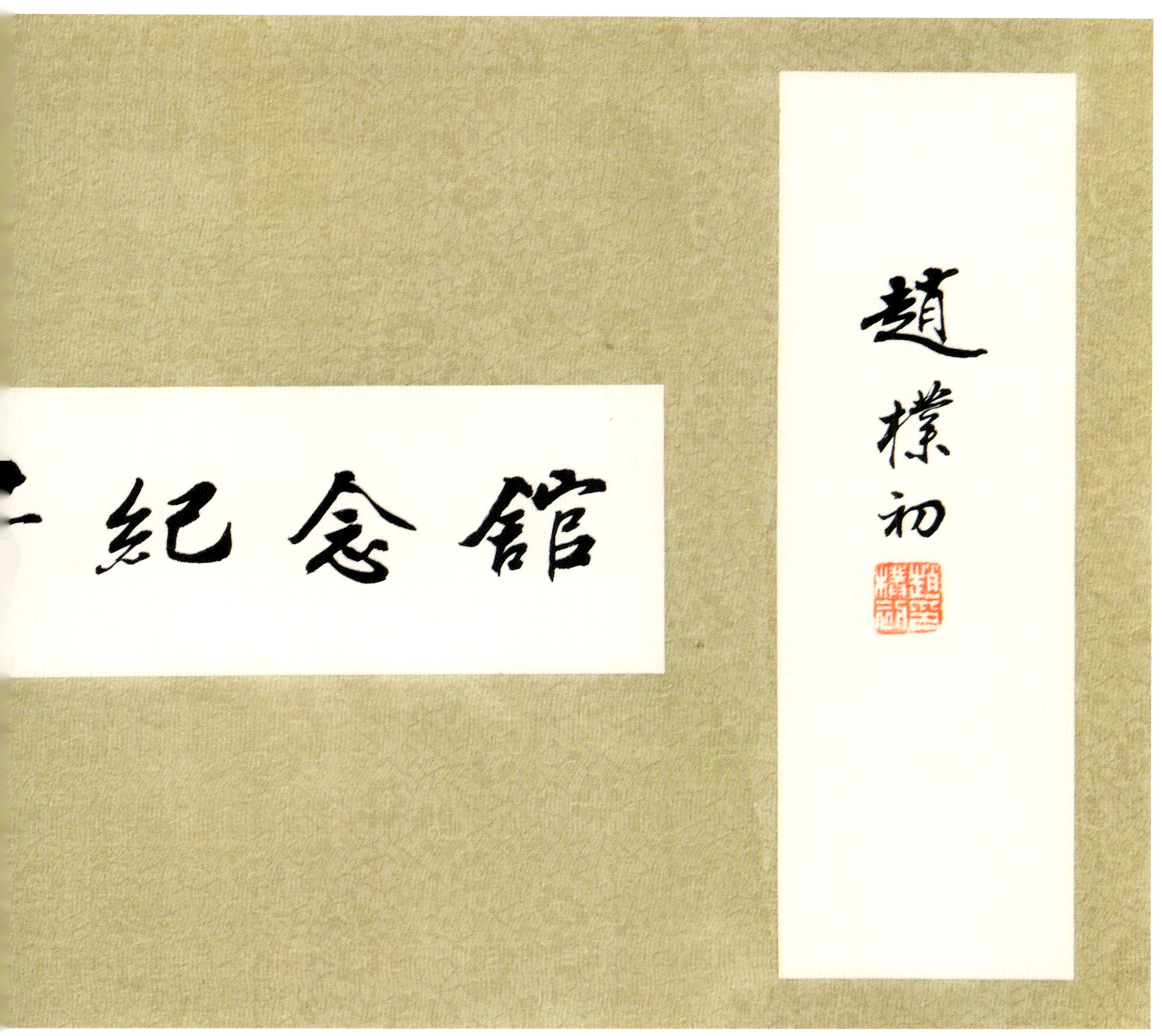
紀念館
趙樸初

梅兰芳汉白玉坐姿雕像

1989 年

387cm × 124cm × 175cm

泰州市梅兰芳纪念馆藏

梅兰芳的汉白玉坐姿雕像坐落于泰州市梅兰芳纪念馆内，由著名雕塑家刘开渠根据梅兰芳艺术巅峰时期的形象精心创作，也是他艺术创作的封刀之作。该雕像底座高度67cm，寓意梅兰芳67年的光辉人生，也是泰州市梅兰芳纪念馆镇馆之宝。

梅蘭芳
1894－1961

后记

2024年是中国京剧艺术大师梅兰芳诞辰130周年。在文化和旅游部的指导下，中国艺术研究院、国家京剧院和梅兰芳纪念馆共同举办梅兰芳诞辰130周年系列纪念活动。“梅艺今辉——纪念梅兰芳诞辰130周年展”是其中的主题活动之一，由中国艺术研究院、国家京剧院、梅兰芳纪念馆、中国工艺美术馆（中国非物质文化遗产馆）和泰州市人民政府联合举办。

中国艺术研究院艺术与文献馆收藏有大量珍贵的梅兰芳相关藏品，不论载体形式还是藏品内容，均成体系。此次展览展出的200余件珍贵展品，其中绝大多数是来自中国艺术研究院艺术与文献馆的收藏，大部分为首次公开展出。除此之外，展览还展出了来自梅兰芳故居（梅兰芳纪念馆）和梅兰芳故里（泰州市梅兰芳纪念馆）的重要藏品。

自展览策划以来，策展团队及相关工作人员经历了近一年的精心筹备。在专家的指导下，策展团队数次遴选展品，反复打磨展纲，几易其稿；设计团队围绕展陈大纲，以传统审美为基调，创新展陈方式，拓展表现形式。大家勠力同心，和衷共济，最终将展览华美地呈现在观众面前。

展览包括五个部分，分别是“一代宗师”“文化使者”“情怀担当”“使命新生”“念念不忘”。但限于篇幅，图录仅收录其中的重要展品。

展览策展和图录出版得到了各级领导、专家以及相关部门的鼎力支持和热情帮助。感谢文化和旅游部对展览的亲切指导，感谢国家京剧院、梅兰芳纪念馆的全力配合和泰州市人民政府的大力支持，感谢中国工艺美术馆（中国非物质文化遗产馆）提供场地支持。由衷感谢中国艺术研究院戏曲研究所资深研究员龚和德老师、王安奎老师和王馗所长、郑雷副所长耐心审阅展览方案和图录文稿并提出宝贵意见。感谢中国艺术研究院办公室、财务处、科研管理处、后勤保卫处、信息中心等职能部门的大力支持以及文化艺术出版社编辑团队的协助，同时还要感谢参与展览筹备和图录编辑的所有工作人员的倾力付出。

梅兰芳的一生，是不断探索中国传统戏曲艺术如何创造性转化和创新性发展的一生，他的艺术造诣、思想境界、道德修养为当代文艺工作者留下了宝贵的精神遗产。此次展览及图录的出版，不但是对梅兰芳艺术成就的致敬，也是对梅兰芳艺术人生的总结。我们真挚地希望，通过展览和图录让学界乃至全社会更加全面深入地认识梅兰芳及其艺术的当代价值，为传承弘扬中华优秀传统文化尽绵薄之力。

中国艺术研究院艺术与文献馆

2024 年 6 月

图书在版编目（CIP）数据

梅艺今辉：纪念梅兰芳诞辰130周年展 / 周庆富主编 . — 北京：文化艺术出版社，2024.7.

ISBN 978-7-5039-7639-1

Ⅰ.K825.78-64

中国国家版本馆CIP数据核字第202439912X号

梅艺今辉

纪念梅兰芳诞辰130周年展

主　　编　周庆富

责任编辑　刘利健

责任校对　董　斌

封面设计　顾　紫

版式设计　楚燕平

出版发行　文化艺术出版社

地　　址　北京市东城区东四八条52号　（100700）

网　　址　www.caaph.com

电子邮箱　s@caaph.com

电　　话　（010）84057666（总编室）　84057667（办公室）

84057696—84057699（发行部）

传　　真　（010）84057660（总编室）　84057670（办公室）

84057690（发行部）

经　　销　新华书店

印　　刷　北京雅昌艺术印刷有限公司

版　　次　2024年7月第1版

印　　次　2024年7月第1次印刷

开　　本　880毫米×1200毫米　1/8

印　　张　33.5

字　　数　100千字　图片约300幅

书　　号　ISBN 978-7-5039-7639-1

定　　价　498.00元